人生の引継ぎを考える方に

アドバイスしたい70のこと

第2版

高齢期ライフプランにおける金融サービスと
「エンディング・ノート」の活用ポイントQ&A

きんざいファイナンシャル・プランナーズ・センター［編］
山田　静江［編集代表・著］

医療　介護　住まい　財産管理　葬儀　お墓　相続

株式会社きんざい

はじめに

　退職後、人生の引継ぎを考えはじめる方の心配ごとは、医療、介護、住まい、財産管理、葬儀、お墓、相続などと広い範囲に及びます。

　本書は、このような心配ごとを抱えるお客様に「広い視野から的確なアドバイスをしたい」と考える金融機関の職員の方が、お客様の退職後にまつわるさまざまな心配ごとに対してアドバイスできるよう、それぞれの場面で必要となる知識を紹介しています。その際、本書ではお客様の心配ごとを探ったり、アドバイスをしたりする際に効果的な「エンディング・ノート」の活用方法も紹介しています。

　第2版では相続税の改正等最新の制度改正に対応したほか、紹介している情報のアップデートを行っております。

　お客様の心配ごとを探り、その解決に金融サービスをうまく活用することができれば、お客様との取引の深耕にもつながります。

　「少しでもお客様のためになりたい」というみなさまの思いに対して、本書がその一助となることを願ってやみません。

2015年3月

　　　　　　　　きんざい　ファイナンシャル・プランナーズ・センター

目次

第1章 エンディング・ノート（山田静江）

- **Q1-1** なぜ今、エンディング・ノートが注目されているのですか。エンディング・ノートとは、どのようなものですか。……2
- **Q1-2** エンディング・ノートにはどのようなことを書くのですか。……4
- **Q1-3** エンディング・ノートはどのように活用できますか。……6

第2章 高齢期の人生設計（栁澤美由紀）

- **Q2-1** 第2の人生を設計するにあたって、気をつけるべきポイントはありますか。……10
- **Q2-2** 退職後の収入にはどのようなものがありますか。……12
- **Q2-3** 定年退職するまでにいくら貯めれば安心ですか。……14
- **Q2-4** 老齢年金はいくらもらえますか。……16
- **Q2-5** 年金受給中につれあいに先立たれた場合、私の年金はどうなりますか。……18
- **Q2-6** 老後の生活費はいくらくらいかかりますか。……20
- **Q2-7** 退職金の金額を調べる方法はありませんか。……22
- **Q2-8** 企業年金はどのように受け取るのが得ですか。……24
- **Q2-9** 退職後再就職すると、年金が少なくなるって本当ですか。……26
- **Q2-10** 妻から離婚したいといわれました。財産分与や年金分割について教えてください。……28

第3章 老後資金の準備と運用（石原敬子）

- **Q3-1** 資産運用の基本的な考え方である分散投資について教えてください。……32
- **Q3-2** 具体的なリスク分散の方法にはどのようなものがあるでしょうか。リタイア世代の分散投資はどのような考え方に基づいたらよいでしょうか。……34
- **Q3-3** 自分がどの程度までリスクを取れるかは、どのように考えたらよいでしょうか。……36
- **Q3-4** 「運用目的に合った金融商品を選んだほうがよい」といわれますが、どういうことでしょうか。そもそも運用目的をはっきり決められません。……38
- **Q3-5** リタイア世代の資産運用プランにはどのような特徴がありますか。……40
- **Q3-6** 健康で長生きする場合を想定したマネープランニングは、どのように考えたらよいでしょうか。……42
- **Q3-7** リタイア後のライフプランを立ててみたところ、金融資産を取り崩して生活費に充てる必要がありそうです。資産の取り崩しはどのように計算すればよいでしょうか。……44
- **Q3-8** リタイア世代が投資性のある金融商品で資産運用を行う場合の注意点などを教えてください。また、退職金を投資に回すのは危険でしょうか。……46
- **Q3-9** 資産運用は自己責任で行うべき、といわれますが、何に、どのような注意を払って自己判断を行えばよいのでしょうか。……48

| Q3－10 | 金融資産を保有したり資産運用をしたりする際には、金融・経済情報に耳を傾ける必要があると思いますが、どのように情報収集をすればよいでしょうか。……50 |

第4章　高齢期の医療・介護と保険（柳澤美由紀）

Q4－1	病気で入院すると、医療費はどのくらいかかりますか。……54
Q4－2	高齢期の医療費に備えるために、今できることは何ですか。……56
Q4－3	生命保険を見直す際のポイントを教えてください。……58
Q4－4	終末期医療とは何ですか。受ける場合の注意点を教えてください。……60
Q4－5	尊厳死とは何ですか。尊厳死を希望する場合には何か手続きが必要なのでしょうか。…62
Q4－6	父が末期がんで自宅療養することになりました。介護保険は使えますか。……64
Q4－7	介護費用はいくらくらいかかりますか。……66
Q4－8	元気なうちにやっておくとよい介護の備えを教えてください。……68
Q4－9	民間の介護保険を選ぶポイントを教えてください。……70
Q4－10	介護が必要になったらどこに相談したらよいですか。……72

第5章　高齢期の住まい（山田静江）

Q5－1	高齢期の住まいにはどのような選択肢がありますか。……76
Q5－2	高齢者向けの住宅はいろいろあるようですが、主なものを教えてください。また、どのような点に注意して選んだらよいでしょうか。……78
Q5－3	寝たきりなど、要介護状態が重くなったときに受け入れてもらえる施設にはどのようなものがありますか。……80
Q5－4	有料老人ホームとはどのようなものですか。……82
Q5－5	サービス付き高齢者向け住宅とはどのようなものですか。……84
Q5－6	高齢者施設等に入居するときの資金計画は、どのように考えたらよいですか。……86
Q5－7	資金計画において自宅を活用するには、どのような方法がありますか。……88
Q5－8	「リバースモーゲージ」や「マイホーム借上げ制度」とは、どのようなしくみですか。…90
Q5－9	リフォームにはどれくらいの費用がかかりますか。また、利用できる助成等はありますか。……92
Q5－10	二世帯住宅を建てるときにはどのようなことに気をつけたらよいですか。……94

第6章　高齢期の財産管理等（若色信悟）

Q6－1	自分の財産を把握するにはどうすればよいでしょうか。……98
Q6－2	財産を整理したいのですが、どのようにすればよいでしょうか。…… 100
Q6－3	成年後見制度とはどのような制度ですか。…… 102

Q6－4	法定後見制度とはどのような制度ですか。………………………	104
Q6－5	法定後見制度を活用すると、どのようなことをしてもらえるのですか。………	106
Q6－6	任意後見制度とはどのような制度ですか。………………………	108
Q6－7	任意後見制度ではどのようなことをお願いできるのですか。…………	110
Q6－8	人生後半期のおひとりさまの時期には、どのように過ごすべきでしょうか。…	112
Q6－9	おひとりさまの見守り制度にはどのようなものがありますか。…………	114
Q6－10	認知症になったかもしれないと思ったらどうしたらよいでしょうか。………	116

第7章　お葬式とお墓（河原正子）

Q7－1	家族が亡くなりました。お葬式の手順や注意点などを教えてください。………	120
Q7－2	最近のお葬式には、どのような特徴がありますか。……………………	122
Q7－3	お葬式にはどれくらいの費用がかかりますか。戒名は必要ですか。………	124
Q7－4	お葬式の後にしなければならない手続きにはどのようなことがありますか。………	126
Q7－5	お墓の跡継ぎがいません。お墓をどうすればよいでしょうか。…………	128
Q7－6	お墓が遠くにあります。近くに移すことはできますか。…………………	130
Q7－7	お墓を建てたいのですが、どうすればよいですか。………………………	132

第8章　相続に備える（高伊茂）

Q8－1	家族が亡くなりました。相続手続きはどのようにしたらよいでしょうか。………	136
Q8－2	家族が亡くなりました。相続人の範囲と相続分、遺言がある場合の遺留分とはどのようなものでしょうか。………………………………………	138
Q8－3	家族が亡くなりました。相続人を調べる方法について、教えてください。………	140
Q8－4	家族が亡くなりました。相続を放棄できると聞きましたが、その方法を教えてください。また、限定承認とは、どういうものでしょうか。……………………	142
Q8－5	家族が亡くなりました。相続税の申告や計算方法などを教えてください。……	144
Q8－6	家族が亡くなりました。遺産配分の考え方と遺産分割協議について教えてください。…………………………………………………………	146
Q8－7	遺言を作りたいと思っています。遺言の作成方法や変更のしかたについて教えてください。………………………………………………………	148
Q8－8	遺言で寄附ができると聞きました。寄附や遺贈のしかたについて教えてください。…	150
Q8－9	生前贈与について考えています。暦年課税や贈与税の配偶者控除の特例について教えてください。……………………………………………	152
Q8－10	自分は相続人がいない、いわゆるおひとりさまです。おひとりさまの相続に便利な遺言信託があると聞きました。遺言信託について教えてください。……	154

※カッコ（　）内は各章の担当著者名。著者プロフィールは156～157ページ参照。

第1章 エンディング・ノート

山田 静江

Q1-1

なぜ今、エンディング・ノートが注目されているのですか。エンディング・ノートとは、どのようなものですか。

> **A** 高齢者のみの世帯が増加し、その人にまつわる情報が次世代に伝わりにくくなっています。そのため、お葬式やお墓などのしきたり、人間関係や取引金融機関などの情報や自分の希望を書き残しておきたいと考える人が増えているのです。「お金」と「死」の話題がタブー視されなくなったことも大きな理由でしょう。エンディング・ノートはこういった情報を次世代に伝えるためのツールです。

1. 煩雑な死後の手続き

　親や配偶者の死を経験した人の多くは、その手続きの煩雑さにとまどいます。まずはお葬式です。形式や場所、規模などを決めて親族や知人へ連絡し、お金の準備もしなければなりません。さらに、年金や健康保険など各種届出や通知、相続手続き、名義変更、そして税金の申告など多くのやるべきことがあります。

　大家族の時代には、家計や財産の管理、親戚づきあいなどは跡継ぎとなる子に引き継ぐことが多く、高齢になってから亡くなった場合であれば、遺族が手続きで困るケースは、今より少なかったと思います。

　しかし核家族化で子世代と同居する高齢者は少なくなりました。別々に暮らしていれば、親の家計状況や暮らしぶりはほとんどわからなくなります。また、金融機関のコンプライアンスもより厳格になっており、これにより死後の手続きはより煩雑になっています。

2. お葬式やお墓の現状への不満

　高齢社会を迎えて、お葬式やお墓が話題になることが多くなり、経済誌までが特集を組むほど注目されています。葬式費用が高額になることへの反感は強く、遺族の負担を減らすため、お葬式は家族など親しい人だけでコンパクトに行うことを望む人が増えてきています。また、お墓についても、従来型の家墓ではなく、跡継ぎの要らない永代供養墓や自然葬を望む人が増えています。お葬式や埋葬は自分で行うわけにはいかないので、遺族に希望を伝えておく方法として、エンディング・ノートを利用する人が増えているのです。

3. 介護や相続トラブルへの対応

　介護や相続の問題は、誰もが共通して遭遇する問題と認識されるようになりました。長子相続の慣習がなくなり、民法の定めもあって、現在ではきょうだいは平等に相続する権利があると考えられています。ところが、親の面倒や介護などは誰かに負担が偏りがちです。親としても、子を全て平等に扱っているわけではありません。いろいろな思惑がからみあって、相続は「争続」「争

族」と言い換えられるほど、親族間の争いの種となっています。

エンディング・ノートには法的な拘束力はありませんが、遺族へ自分の想いを伝えることで、遺言を補足したり、争いを減らす効果を期待できます。

4. エンディング・ノートの役割

家族・親戚関係、病歴など自分に関する情報や、お葬式やお墓、財産など死後に必要な情報、終末期や死亡後の希望などを書いておいて、次世代や自分の面倒をみてくれる人に伝えるためのツールです。自分の想いを伝える役目もあります。死後の手続きをスムーズに行えるようにし、相続における争いごとを減らす手助けをします。

亡くなったことを誰に知らせるか、お葬式はどのように行ったらよいか、埋葬はどうしたらいいのか、どこの金融機関と取引があったのか、通帳や保険証券などをどこにしまってあるのか…。配偶者や子などの身内ですら、わからないことはたくさんあるので、これらのことが書き遺してあれば遺族は助かります。

真剣に相続対策を行うなら、法的に有効な「遺言」を遺しておくことが必要ですが、「遺言を書く」という行為は心理的な抵抗が強いものです。遺言を書くための準備としてエンディング・ノートを活用することもできます。

このように自分の人生を棚卸しした経験は、今後のライフプランを考えるときにも役立ちます。

5. エンディング・ノートの種類

エンディング・ノート、引継ぎノート、遺言ノート、自分史ノート、ラスト・プランニングノートなど、名称はいろいろありますが、大きく分けると3つの系列に分けられます。

(1) お葬式など死後に必要な情報に重点を置いたもの

延命治療が必要なときにどうしてほしいか、自分が死んだときに誰に知らせてほしいか、菩提寺はどこか、戒名はどうするか、お墓はあるかなど、死後整理に重点を置いている。

(2) 自分史

自分史の書込みや、現在の人間関係など、その人の人生の歩みを書き遺すことを主な目的としたノート。認知症の方を介護するときには、その人がどういう人かがわかると介護がしやすいため手助けになるという。また、お葬式などで故人を紹介するときの手助けにもなる。

(3) 財産管理

その人が持つ財産状況を詳しく記載できる。相続対策が必要な場合や遺言を書くときの手助けになる。

多くのノートは、(1) ～ (3) のどれかに重点を置きながら、他の項目の要素も少しずつ加えてあります。利用するときには、自分は何を重視したいか、あれこれ比べて自分の気持ちに合うものを選ぶことが大切です。

Q1-2

エンディング・ノートにはどのようなことを書くのですか。

> **A** 大きく分けて、①その人の過去から現在の情報、②財産に関する情報、そして③死後整理やお葬式、埋葬の情報を書きます。終末期や死亡後の希望を書く欄もあります。これらの情報や希望は、書いた人を知る手掛かりとなり、適切なサポートをするための助けとなるものです。

1. これまでの自分、現在の自分

自分がどんな人間かを知らせるための項目です。生まれたときから現在までの自分の歩み、かかわった人々、現在の自分に関する情報などを記録します。

図表 1-2-1　エンディング・ノートの項目例1（これまでの自分、現在の自分）

自　分　史	子どものときから今までどのような人生を送ってきたか。 出生地、居住地、学歴、経歴など。想い出や熱中したことを書いてもよい。
趣味・ボランティア活動など	現在夢中になっていることや、関わっている団体、活動内容など。
人　間　関　係	親戚、友人、知人などのリスト。危篤のときや、お葬式の際、誰に連絡したらいいかがわかるように関係や親しさの程度も書いておくとよい。
慶　弔　記　録	親族の結婚など慶事の記録と、命日・法事などの記録。 親戚などとの付き合いに役立つ。
家　系　図	相続人を探る手掛かりとなる。 改製原戸籍を含め、生まれたときからの自分の戸籍謄本を取っておくといい。
病気の記録	持病や投薬状況、過去の入院や手術の記録（入院時に必要な情報）、かかりつけ医の連絡先。
介護や終末期の希望	介護や財産管理で望むこと、後見人のこと、延命治療や尊厳死について。
その他関係者	相談相手となっている各種専門家、自治体や介護などの担当者と連絡先など。

2. 財産の状況

自分がどんな財産を持っているか（不動産、金融資産など）、年金の受給状況、借入れの状況、その他の資産などを記載しておきます。

どの金融機関と取引があるのか、どこに財産があるのかは、その人が亡くなると調べるのが大変です。銀行や郵便局、信用金庫、保険会社など金融機関の名称と、できれば窓口となる支店な

ども書いておきます。他人に見られることもあるので、残高は書かなくても構わないでしょう。

プラスの財産だけでなく、マイナスの財産（借金や連帯保証人の地位）も相続の対象となります。トラブルの多い債務保証に関する情報は、必ず記録して相続人にわかるようにしておきましょう。

相続の対象とならないようなものでも、形見分けとして誰かに遺したいものがあれば、そのことを書いておきましょう。

図表 1-2-2　エンディング・ノートの項目例2（財産の状況）

金融商品一覧	：銀行（ゆうちょ銀行含む）や信用金庫、信用組合、証券会社、保険会社など、取引のある金融機関の支店名と可能なら担当者を記載。 遺言作成に備えて残高を書くなら、別紙に。
保　険	：生命保険、医療保険、共済、火災保険、自動車保険などを一覧表に記載。
不動産	：自宅や投資用不動産、借りている土地や家（借地や借家）。 登記事項証明書を見ながら、所在地等を書いておくとよい。
借入れ	：各種ローンやカード、借金、債務保証など。
その他の資産	：ゴルフ会員権、時計、アクセサリー、着物など。

3. 死後整理やお葬式、埋葬（お墓）

核家族化や価値観の変化により従来とは異なるお葬式や埋葬（お墓）を望む人が増えています。一方、菩提寺や先祖代々の墓地、家紋など、守らなければならないものもあります。同居が当たり前の時代には何も言わなくても伝わりましたが、現在では親から子、孫へ意識して伝えておく必要があります。

図表 1-2-3　エンディング・ノートの項目例3（死後整理やお葬式、埋葬（お墓））

お葬式	：どういうお葬式をしたいか。宗教の希望など。 菩提寺がある人は場所や連絡先も記載しておくといい。 遺影として希望する写真があれば、貼っておくか保管場所を書いておく。
戒名	：戒名についての希望。すでに戒名を授かっている場合にはその戒名。
お墓	：すでに購入している場合や、郷里にお墓がある場合には、場所や連絡先。 散骨や永代供養墓への埋葬など特別な希望。
相続	：遺言書の有無、相続の希望など。

Q1-3

エンディング・ノートはどのように活用できますか。

A 自分自身の情報や希望をまとめて書き遺しておくことで、死後の手続きをスムーズにすすめたり、死亡後に自分の想いを伝えたりすることができます。入院や介護が必要になったときや災害などの非常時にも役立ちます。自分の人生を振り返ることができるので、今後の暮らし方を考えたり、遺言書を書く際の下書きとして利用したりすることもできます。

1. 死後整理に役立つ情報を遺す

　自分のお葬式や埋葬の手続きは、自分で行うことはできません。本人の希望を知ることができれば、遺された人が「これでよかったのか」といつまでも気にやむこともありませんし、親族とのやりとりで困る場面も減るでしょう。本人しかわからない情報や各種手続きに必要な情報を遺しておけば、手続きを行う人の負担を減らせます。

(1) お葬式に必要な情報

　死亡してすぐに行うお葬式では、下記のような情報が役立ちます。

①死亡したことやお葬式の日程を誰に知らせたらよいか（人間関係）

　交友関係や親族との関係、連絡先。キーマンとなる人がわかれば、連絡を手伝ってもらったり、お葬式の段取り、参列者人数の予想などを相談したりすることができる。

②宗教・宗派の情報（仏式なら、菩提寺・戒名の有無など）

　お葬式で宗教をどうするかは重要な問題。仏教・キリスト教など、同じ宗教でも、宗派が分かれていてそれぞれに葬儀のやり方が決まっている場合もあるので、正確な情報を書き遺しておく。生前に戒名を授かっているならその情報も。

③お葬式の希望

　「家族で見送ってほしい」「花祭壇がいい」などお葬式について希望がある場合や、依頼する業者を決めている場合には、内容や連絡先などを書いておく。

④資金準備の有無

　お葬式の予算を決めるときに必要。資金準備があるなら伝えておきたい。

⑤遺影はどれを使うか

　お葬式で困ることの1つが、遺影に使える写真が見つからないこと。お気に入りの写真をノートに貼るかわかりやすいところに保管しておき、家族に伝えておく。

(2) お墓

　約2日間のイベントであるお葬式に比べて、お墓や埋葬をどうするかということは、より重要な問題です。遺された人にとってお墓が心のよりどころになることもあるので、ノートに希望を書いておくだけでなく、事前に家族等に伝えておくことも大切です。

(3) 財産・契約関係

自分名義の金融商品や不動産など所有する財産の情報、年金番号や健康保険、クレジットカード、借金（ローン）、保証債務などの情報は、死後の各種手続きで必要です。金融商品は金融機関と商品名を書いて一覧表にしておきます。不動産は、固定資産税や登記簿謄本に書いてある情報を転記しておくとよいでしょう。最近ではインターネット専業の金融機関が増えていますが、通帳や取引履歴、お知らせは全てパソコンの中という場合、本人以外は取引があったことがわからないという事態も起こりえます。取引のある金融機関の情報だけでも遺しておけば、死後の手続きがスムーズに行えます。

2．相続の準備や遺言を書く準備とする

　相続準備や遺言を書く作業は、自分の死を意識しなければならないこともあって心理的なハードルが高いものです。ノートに家族関係や来歴、財産リストを記入していくことで、少しずつ相続に目が向くようになります。財産や人間関係を整理することで、誰に何を遺すかを遺言に書く際の手助けともなるでしょう。

3．入院や介護の際に役立つ情報を遺す

(1) 医療関係の記録　〜緊急時の治療に備えて〜

　血液型や持病・アレルギーの有無、飲んでいる薬の種類、病歴・入院歴、かかりつけ医などの情報があれば、適切な治療が受けられる可能性が高くなります。健康保険証の種類・記号・番号、介護保険証の番号がわかれば、医療・介護関係の手続きの際にも役立ちます。

　命にかかわるような深刻なアレルギーや継続的な治療が必要な持病がある場合には、必要な情報を記載したメモなどを身につけておいた方がよいでしょう。

(2) 医療や介護の希望

　意識がなくなってしまったときや認知症になってしまったときに、どのような医療や介護を受けたいか、延命治療はどうするかなど、自分の考えや望むことを書いておけば家族など支える人は判断しやすくなります。

(3) 保険の明細表

　自分や家族に万一のことがあった場合やケガなどで入院した場合、あるいは自宅などが被災した場合には、加入している生命保険や損害保険から保険金が支払われることがあります。ただし保険金は、契約者や加入者が請求しないともらえません。自分がどんな保険に入っていて、どういうときにもらえるのか、保険会社名・証券番号・保障内容・契約者・被保険者などの情報を書き出して確認しておきましょう。

(4) 財産管理

　入院したときや認知症などでお金の管理ができなくなったときに備えて、財産管理や後見人の希望、任意後見契約を結んでいる場合にはその旨を書き遺しておきます。

　財産の一覧表を作成しておくと、死亡したときだけでなく、後見人が財産管理を行うときにも役に立ちます。

4．非常時の持ち出し用とする

　家族や親戚、友人の情報や、財産の一覧、金融機関や病院などの連絡先、医療や介護の情報を記載したノートは、災害時など非常時に持ち出せば、安否確認や本人情報の確認、緊急時の治療、生活の建て直しをするときなど、さまざまな場面で役に立ちます。

5．今後の生き方を考える

　ノートの記入は、自分の人生を振り返る作業です。過去から現在、そして今後も続く人生を自分はどうやって過ごしていきたいのか、考えるきっかけをつかむことができます。

6．自分の想いを伝える

　家族や親しかった人へのメッセージを書いておきましょう。生前には伝えることができなかった感謝などが書いてあると、遺された人が生きていく励みになります。ただし、悪口やうらみなどはノートには書き遺さないのがマナーです。

第2章 高齢期の人生設計

柳澤美由紀

Q2-1

第2の人生を設計するにあたって、気をつけるべきポイントはありますか。

A ライフプランは「これからの人生を自分らしく生きる」ために作るものです。あなたが思い描く暮らし・生きがい（Mind）を実践するにあたって、何年後にどれくらいの費用が発生するか（Money）、健康面でやっておくべきことはないか（Medical）などをチェックするのに役立ちます。まずは生きがいを書き出すことからやっていきましょう。

1. 人生の黄金期は老いていく将来にあり

「人生の黄金時代は老いて行く将来にあり、過ぎ去った若年無知の時代にあるにあらず」、これは中華民国の文学者・林語堂（りん　ごどう）の言葉です。時間とお金に余裕があり、さまざまなことに熟達したシニア期こそが人生の絶頂期なのです。そんな貴重な時期を楽しむにあたって、ぜひやっていただきたいのが第2の人生設計（ライフプラン）の作成です。

人生の最終章をスタートするにあたって、自分はどんなふうに生きたいか、家族や社会とどんな関係を築いていきたいか、何にチャレンジしていきたいかなど、価値観に基づいた生きがい（Mind）を書き出していくことから始めましょう。

図表 2-1-1　シニアライフプランの全体イメージ

年齢	生きがい（Mind）	健康（Medical）	経済（Money）
60～64歳	再就職／俳句サークルに参加して、自分の作品を披露する	毎朝ウォーキング	
65～69歳	地域活動に参加／旅行（年1回）	毎朝ウォーキング	旅行　年30万円
70～74歳	地域活動に参加／俳句サークルに参加して、自分の作品を披露する	毎朝ウォーキング	旅行　年30万円
75～79歳	地域活動に参加／俳句サークルに参加して、自分の作品を披露する	毎朝ウォーキング	旅行　年30万円
80～84歳	俳句サークルに参加して、自分の作品を披露する		
85～89歳	俳句サークルに参加して、自分の作品を披露する	施設に入所	施設入居一時金1000万円
90～94歳		施設に入所	施設入居一時金1000万円
95～99歳			

（出所）著者作成

書き出した生きがいを実践するにあたっては、何年後にどれくらいの費用がかかるのか（Money）、健康面で取り組んでおくべきことはないか（Medical）という視点も重要です。図表2-1-1のライフイベント表を使って、具体的に落とし込んでいきましょう。

2. ライフイベント表でお金の流れを整理する

ライフイベント表は、現時点から将来に向けて、自分と家族の夢や希望、計画（イベント）を時系列で示す表です。西暦、年齢、イベント、現在価値での予算額（必要金額または希望金額）を書き込みます。毎月のやりくりで対応できる費用を盛り込む必要はありません。

パソコンが使えるなら、エクセルで作成するのがお勧めです。計算機能が使えますし、書き損じの心配もありません。イベントには個人の夢や希望だけでなく、住宅の補修やリフォーム、家電や車の買替え、老人ホームの入居などの出費が生じる予定も記入してください。また、七五三や金婚式などの祝いごとも忘れずに記入しましょう。

ライフイベント表の作成には家族との対話が欠かせません。自分1人で完結するのではなく、家族みんなでわいわいガヤガヤ話し合うと楽しいですよ。

図表 2-1-2 ライフイベント表サンプル

年齢を記入してみましょう（年度末時点での年齢を記入）

続柄	西暦 経過年数	2015 現在	2016 1年	2017 2年	2018 3年	2019 4年	2020 5年
	本　人	59	60	61	62	63	64
	配偶者	55	56	57	58	59	60
	長　女	33	34	35	36	37	38
	長　男	30	31	32	33	34	35
	孫（長女）	5	6	7	8	9	10
ライフイベント		長男結婚 七五三	退職 旅行 孫誕生	ジョギング 小学校入学	ジョギング 孫誕生 小2	ハーフマラソン 小3	NYマラソン 夫同伴 小4
必要資金 （万円）	本　人			10	10	20	30
	配偶者		10				20
	長　女						
	長　男	200	10		10		
	孫（長女）	10		10			
	合　計	210	20	20	20	20	50

（出所）著者作成

Q2-2

退職後の収入にはどのようなものがありますか。

A 公的年金（老齢年金）、稼働所得、財産所得、仕送り、企業年金、個人年金などがありますが、退職後は公的年金で暮らしている人が大半です。資産運用による収入（財産所得）の平均は年22万2,000円にすぎず、不足する場合は働いて補充しているのが一般的です。

1. 65歳以上世帯の57.8%が「収入源は公的年金のみ」

　高齢期の収入源には「公的年金・恩給」「稼働所得（働いて得た収入）」「財産所得（預貯金の利子や配当金、賃貸収入など）」「子供などからの仕送り」「企業年金」「個人年金などのその他の年金」「年金以外の社会保障給付金（生活保護の扶助など）」があります。

　厚生労働省「平成25年国民生活基礎調査」によると、老後収入の主軸になるのは公的年金等です。65歳以上世帯の57.8%が公的年金のみで暮らしています。また、1世帯当りの平均総所得は309万1,000円、公的年金収入の平均は約211万9,000円、稼働所得は55万7,000円（月額平均4万6,400円）です。基本的には公的年金で暮らして、生活費が足りないときは働いて補っているのが一般的なようです。

　一方、資産運用による収入（財産所得）の平均は年22万2,000円で、児童のいる世帯（平均年11万5,000円）に比べると高いですが、全体の所得の7.2%にすぎません。老後の生活は公的年金頼みなのが現状です。

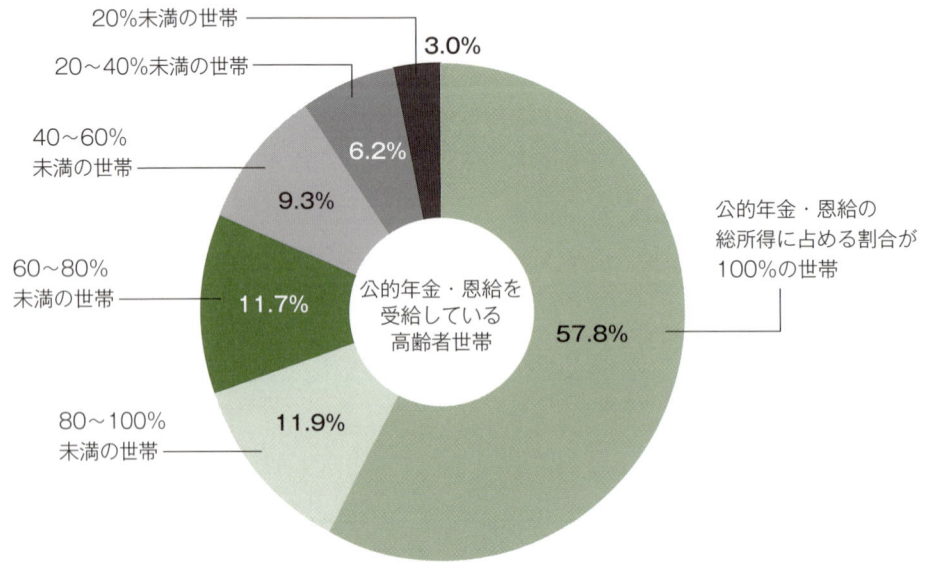

図表2-2-1　公的年金・恩給を受給している高齢者世帯における公的年金・恩給の総所得に占める割合別世帯数の構成割合

（出所）厚生労働省「平成25年国民生活基礎調査」をもとに著者作成

2. 日本の年金制度

　日本の年金制度は、全国民共通の「国民年金（基礎年金）」と、「被用者年金（厚生年金、共済年金）」を合わせた公的年金と、「企業年金（厚生年金基金、確定拠出年金、確定給付企業年金）」の３階建てになっています（図表2-2-2）。被用者年金とは基礎年金に上乗せする形で報酬比例の年金が支給されるものです。共済年金ではさらに職域加算額が上乗せされます。企業年金とは企業がその従業員を対象に実施する年金制度です。退職金の支払負担を平準化することを目的につくられたもので、大手企業を中心に一部の企業で導入されています。

　日本の企業年金には、厚生年金基金制度、確定給付企業年金制度、確定拠出年金制度があります。それぞれの特徴は次のとおりです。

・厚生年金基金………国の老齢厚生年金の一部を国に代わって支給するとともに、企業の実情に応じて独自の上乗せ給付を行っている
・確定給付企業年金…給付額が加入者の勤務期間や給与などによってあらかじめ決定されている
・確定拠出年金（企業型）…拠出された掛金が個人ごとに明確に区分され、掛金とその運用益との合計額をもとに給付額が決定される

　その他、企業年金のない会社員は確定拠出年金（個人型）に入ることができます。

図表 2-2-2　日本の年金制度の体系

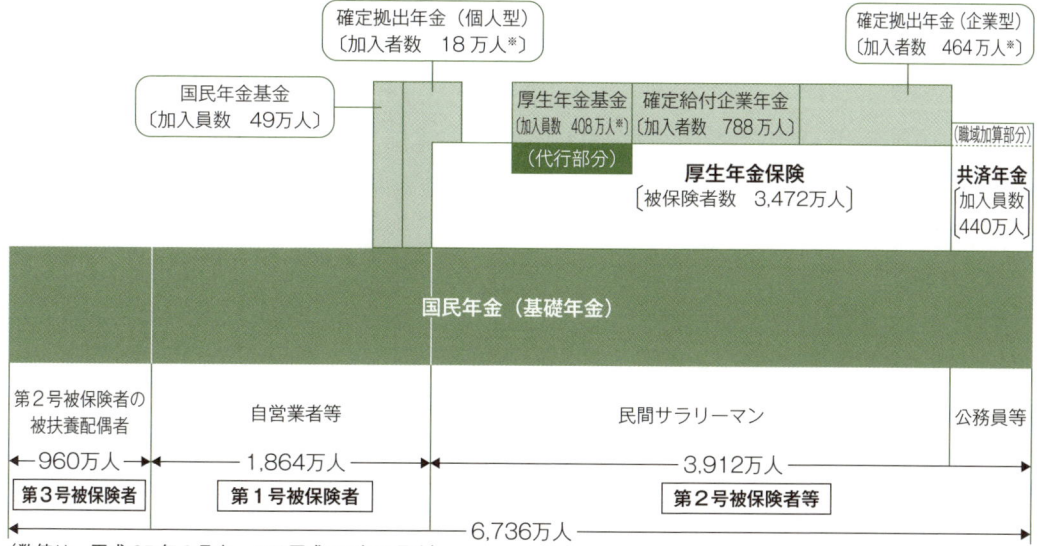

第３号被保険者	第１号被保険者	第２号被保険者等	
第２号被保険者の被扶養配偶者	自営業者等	民間サラリーマン	公務員等
960万人	1,864万人	3,912万人	

合計 6,736万人

- 国民年金（基礎年金）
- 国民年金基金〔加入員数 49万人〕
- 確定拠出年金（個人型）〔加入者数 18万人※〕
- 厚生年金基金〔加入員数 408万人※〕（代行部分）
- 確定給付企業年金〔加入者数 788万人〕
- 確定拠出年金（企業型）〔加入者数 464万人※〕
- 厚生年金保険〔被保険者数 3,472万人〕
- 共済年金〔加入員数 440万人〕（職域加算部分）

（数値は、平成25年3月末、※は平成26年3月末）
（※1）厚生年金基金、確定給付企業年金、私学共済年金の加入者は、確定拠出年金（企業型）にも加入できる
（※2）国民年金基金の加入員は、確定拠出年金（個人型）にも加入できる
（※3）「第２号被保険者等」は、被用者年金被保険者のことをいう（第２号被保険者のほか、65歳以上で老齢又は退職を支給事由とする年金給付の受給権を有する者を含む）
（出所）厚生労働省「第５回社会保障審議会企業年金部会参考資料1」

Q2-3

定年退職するまでにいくら貯めれば安心ですか。

> **A** 目安となるのは「（年間生活費－年金見込額等）×（100歳－定年退職年齢）」で、老後の赤字を補てんするために必要な資金です。さらに入院や介護などの不測の事態に備える予備資金として、1人当り200万～300万円を貯めておきましょう。

1. 定年後の収支をシミュレーションする

　老後資金として必ず用意しておきたいのは、赤字補てん用のお金です。年金収入だけでは暮らせないときに取り崩せる余裕資金があるかないかは、高齢期の安心に大きく影響するからです。

　図表 2-3-1 は基本となる老後資金の計算式です。「(A) 老後の赤字補てん資金」「(B) 医療・介護の予備資金」「(C) ライフプランを実現する上で必要な資金」を合算して、予想退職金額を差し引いた金額を定年退職時までに用意すればよいことになります。

　(A) ではまず、現在もしくは将来「これくらいあると安心」と思われる生活費（年間）から年金見込額等を差し引いて、年金生活中に予想される「1年間の赤字額」を計算します。年齢によって年金額が変動する場合は適宜区切って計算してください（図表 2-3-2）。

　老後の収入は公的年金だけではありません。不動産投資をしている場合は家賃収入が、株式投資や投資信託等をしている場合は配当収入が、個人年金保険に入っている場合は所定の年齢になると年金がもらえます。

　老齢年金の見込額は毎年誕生月（1日生まれの人は誕生日の前月）に届けられる「ねんきん定期便」か「ねんきんネット」で確認できます（公務員を除く）。ねんきんネットは平成23年2月28日から始まった日本年金機構のサービスです。事前登録が必要ですが、それさえ済ませておけば、24時間365日いつでも将来の年金額を試算することができます。「年金を受け取りながら働いた場合の年金額」などの細かなシミュレーションも可能です。

　医療の発展等により日本の長寿化が進み、いまでは「人生100年時代」といわれています。赤字補てんをいつまで続けるかは議論があるところでしょうが、ここでは100歳まで生きることを

図表 2-3-1　老後資金の計算式

(A) 老後の赤字補てん資金＝（年間生活費－年金見込額等）×（100歳－定年退職年齢）

(B) 医療・介護の予備資金＝1人当り200万～300万円

(C) ライフプランを実現する上で必要な資金（介護施設の入所費用など）

定年までに用意しておきたい老後資金＝ (A) ＋ (B) ＋ (C) － 予想退職金

（出所）著者作成

前提に計算しています。60歳の平均余命（平成25年は男23.14年、女28.47年）は年々伸びているからです。

　赤字補てん資金だけでなく、不意の入院や要介護状態になったときに慌てずにすむように予備資金（**B**）も必ず用意してください。目安は1人当り200万～300万円です。金額の根拠は**Q4-8**を参考にしてください。

　「介護が必要になったときにはケア付きの有料老人ホームに入りたい」「70歳までは夫婦で旅行を楽しみたいので、年50万円の予算をとっておきたい」「子や孫、配偶者の記念日には盛大にお祝いをしてあげたい」などのライフプラン（**Q2-1**）を実現するために必要な資金額はさまざまです。大まかでいいので予想される支出を調べておきましょう。

2. 算出した老後資金額をアドバイスに活かす

　では、50歳のAさん（年間生活費300万円、60～64歳年金見込額180万円、65歳以降250万円、60歳定年、退職金1,800万円、現在の預貯金1,500万円、60歳時点の住宅ローン残高800万円）の実例をもとに老後資金を計算してみましょう。Aさんは独身で、80歳を過ぎたら介護付き有料老人ホーム（入居一時金1,500万円）に入りたいと思っています。

　Aさんのように、住宅ローンの返済が定年後も続く場合は定年退職時点でのローン残高を必要資金に組み込みます。計算過程を**図表2-3-2**にまとめています。

　これらの計算によって、Aさんは60歳までに3,150万円の貯蓄を用意すればよいことがわかりました。Aさんの現時点の預貯金は1,500万円なので1,650万円の不足です。金利0％で10年間積み立てる場合、毎年165万円を積み立てなければなりません。

　そこで「年4～5％の運用利回りを目標に、月11万円の積立投資信託を始めませんか」と、提案しました。利回りは確約されているものではありませんが、老後資金を計算するときに、いつまでに、いくらの資金を用意したらいいのかがわかっているので、Aさんは気長に持ち続けられると喜んでいらっしゃいました。

図表 2-3-2　老後資金を計算しよう

老後の赤字補てん資金（60～64歳）	＝ （300万円－180万円）	× 5年	＝	600万円
＋）老後の赤字補てん資金（65歳以降）	＝ （300万円－250万円）	× 35年	＝	1,750万円
＋）医療・介護の予備資金			＝	300万円
＋）定年退職時の住宅ローン残高			＝	800万円
＋）介護付き有料老人ホームの入居一時金（80歳）			＝	1,500万円
－）退職一時金			＝	1,800万円
合計			＝	3,150万円

（出所）著者作成

Q2-4

老齢年金はいくらもらえますか。

A 老齢年金は加入履歴、標準報酬月額、標準賞与額などにより金額が異なります。正確な金額は年金開始直前までわかりませんが、年に1回、誕生月に届けられる「ねんきん定期便」か日本年金機構のホームページ内にある「ねんきんネット」で年金見込額を試算することができます（公務員を除く）。

1．ねんきん定期便とは

　ねんきん定期便はこれまでの年金履歴を確認してもらうことと年金制度について深く理解してもらうことを目的に送付する書類です。国民年金および厚生年金保険に加入中の人に対して、その人の誕生月に毎年届けられます（ただし、1日生まれの場合は誕生月の前月発送）。ただし、公務員の加入履歴（共済組合員記録）については全く反映されていませんので、支給される年金見込額に関しては各共済組合に問い合わせて確認します。

　50歳未満（35歳、45歳を除く）の人には「①これまでの年金加入期間」「②これまでの加入実績に応じた年金額」「③これまでの保険料納付額」「④最近の月別状況」が送られます。②は現時点までの加入実績に対応したもので、今後保険料を1円も納めなかった場合に受け取れる年金額です。これから60歳までの保険料払込分に関しては穴埋め型の計算式（（参考）将来の年金見込額をご自分で試算できます）が記載されています。今後どんな働き方をするかを想定して、今後の平均給与（平成15年4月から退職するまでの平均所得見込み額）と退職までの勤務期間（月数）、国民年金の保険料納付期間（月数）などを書き込んで手計算してください。

　35歳、45歳の場合は①②③に加えて「⑤これまでの年金加入履歴」「⑥これまでの国民年金保険料の納付状況」「⑦厚生年金保険の標準報酬月額」等の情報が送られます。

　50歳以上（59歳を除く）の人には、①③④に加えて「⑧老齢年金の見込額」が記載されます。⑧は現在の加入制度の記録に基づき原則60歳まで納め続けた場合に受け取れる老齢年金の見込額です。何歳から、おおむねいくらの年金が受け取れるかが記載されているので再就職計画や老後のライフプランを立てる際に役に立ちます。ただし、早期退職制度の活用や独立開業などライフプランの変更がある場合や、今後の給与に大きな増減がある場合は実際の年金額との乖離が大きくなることがあります。そのような岐路に立った場合には、次に紹介するねんきんネットで試算するとよいでしょう。

　59歳の人には①③⑤⑥⑦⑧、年金受給者で現役被保険者なら①③④の情報が届きます。

2．ねんきんネットのメリットと利用するにあたっての留意点

　「ねんきんネット」は平成23年2月28日から利用が開始された制度です。日本年金機構のインターネットサイトから国民年金及び厚生年金保険の被保険者がいつでも新しい年金記録（年金の

加入記録・未加入期間・未納期間など）を確認できるようになっています。具体的には次に挙げるメリットがあります（図表2-4-1）。

図表2-4-1　ねんきんネットのメリット

- **24時間いつでも最新の年金加入記録が確認できる**
  → ねんきん定期便よりも新しい情報が見られます
- **記録の漏れや誤りの発見が簡単に**
  → 年金に加入していない期間や標準報酬額の大きな変動など、確認してほしい部分がわかりやすく表示されています
- **「私の履歴整理表」をつくることができる**
  → 年金記録の確認に役に立つ「私の履歴整理表」を画面の指示に従って入力等するだけで簡単に作成できます
- **将来の年金額が試算できる**
  → 平成23年秋より開始したサービス。画面で簡単な質問に答えるだけで年金見込額がすぐに表示されます。「年金を受け取りながら働き続けた場合の年金額」など、いろいろなパターンの試算が可能です

（出所）日本年金機構HPをもとに著者作成

　この制度は事前登録が必要です（図表2-4-2）。日本年金機構ホームページにアクセスして必要事項を入力すると約5日後に郵送でユーザIDが届きます。これがなければ、原則としてこのサービスは利用できません。

　しかし平成23年4月以降発送の「ねんきん定期便」にはユーザIDの代用となる「アクセスキー」が記載されています。これを使えばわずか5分で利用登録が完了し、ただちにねんきんネットが利用できます。

　また、過去に「年金個人情報提供サービス」を利用していた場合にはそのときのIDとお客様設定パスワードを入力すると新たなIDが即座に発行され、その場で利用できるしくみになっています。

図表2-4-2　ねんきんネット利用の流れ

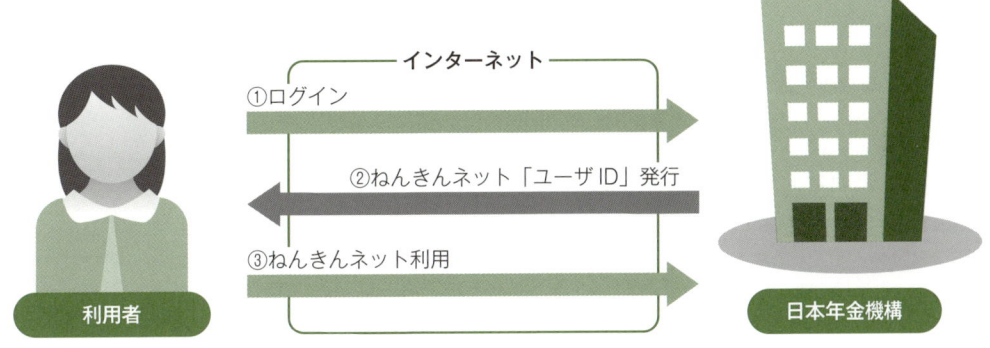

（出所）日本年金機構資料をもとに著者作成

Q2-5

年金受給中につれあいに先立たれた場合、私の年金はどうなりますか。

> **A** 夫婦それぞれの年金種類や遺された側の老齢厚生年金額によって、遺族年金が支払われるか否かや支払われた場合の金額等が異なります。また、自身の老齢厚生年金が支給されるとそちらが優先になり、遺族厚生年金額が調整されます。厚生年金から支払われる金額は同じですが、課税所得が変わるために介護保険料等が上がる可能性があります。

1. 遺族年金のしくみ

　遺族年金は年金の対象となる本人（被保険者・受給権者）が死亡した場合に所定の条件を満たせば給付が受けられるものです。遺族基礎年金と遺族厚生年金があります。いずれも受給する人は非課税所得となります。

　遺族基礎年金は18歳未満の子（注）がいる配偶者か18歳未満の子（注）自身に支給されます。年金額は定額です。例えば、平成26年度の場合、配偶者と子1人で年99万5,200円、配偶者と子2人で年121万7,600円、第3子以降は子1人につき年7万4,100円が加算されます。受け取ることができるのは「子のいる配偶者または子」です。

　遺族厚生年金は「厚生年金保険に加入中に死亡した」または「老齢厚生年金の受給中に死亡した」場合に遺族に支払われる年金です。この場合の「遺族」とは、妻、子・孫（18歳未満の場合（注））、55歳以上の夫・父母・祖父母（ただし、60歳から支給）のいずれかになります。

　遺族厚生年金の年金額は亡くなった人の「老齢厚生年金の年金額の4分の3」です。被保険者

図表 2-5-1　遺族厚生年金の計算式

年金額＝（①＋②）×$\frac{3}{4}$

①＝平均標準報酬月額（※1）×$\frac{7.125}{1,000}$×平成15年3月までの被保険者期間の月数

②＝平均標準報酬額（※2）×$\frac{5.481}{1,000}$×平成15年4月以後の被保険者期間の月数

（※1）平均標準報酬月額とは平成15年3月までの被保険者期間の計算の基礎となる各月の標準報酬月額の総額を平成15年3月までの被保険者期間の月数で除して得た額。

（※2）平均標準報酬額とは平成15年4月以後の被保険者期間の計算の基礎となる各月の標準報酬月額と標準賞与額の総額を、平成15年4月以後の被保険者期間の月数で除して得た額。

（※3）月数が300に満たないときは、被保険者期間の月数の合計を300に換算して計算する。

（出所）著者作成

（注）18歳に到達する年度末を経過していない未婚の子、または20歳未満で障害年金の等級が1～2級の未婚の障害者である子

期間の月数が300月に満たないときは、300月加入しているとみなして計算します（図表 2-5-1）。遺族厚生年金をもらっている人が自身の老齢厚生年金をもらうようになった場合、老齢厚生年金は全額支給となり、遺族厚生年金の満額から自身の老齢厚生年金を差し引いた残りの金額を遺族厚生年金として支払います。

2．パターンで学ぶ高齢期の遺族年金

　夫・妻ともに65歳以上で老齢年金を受給している場合で、それぞれが受け取っている老齢年金の種類や年金額によって、遺された配偶者の年金額にどれだけ影響を与えるかをみていきましょう（図表 2-5-2）。専業主婦の妻のみが遺されたとしても、夫の老齢厚生年金の$\frac{3}{4}$にあたる遺族年金が支給されます。

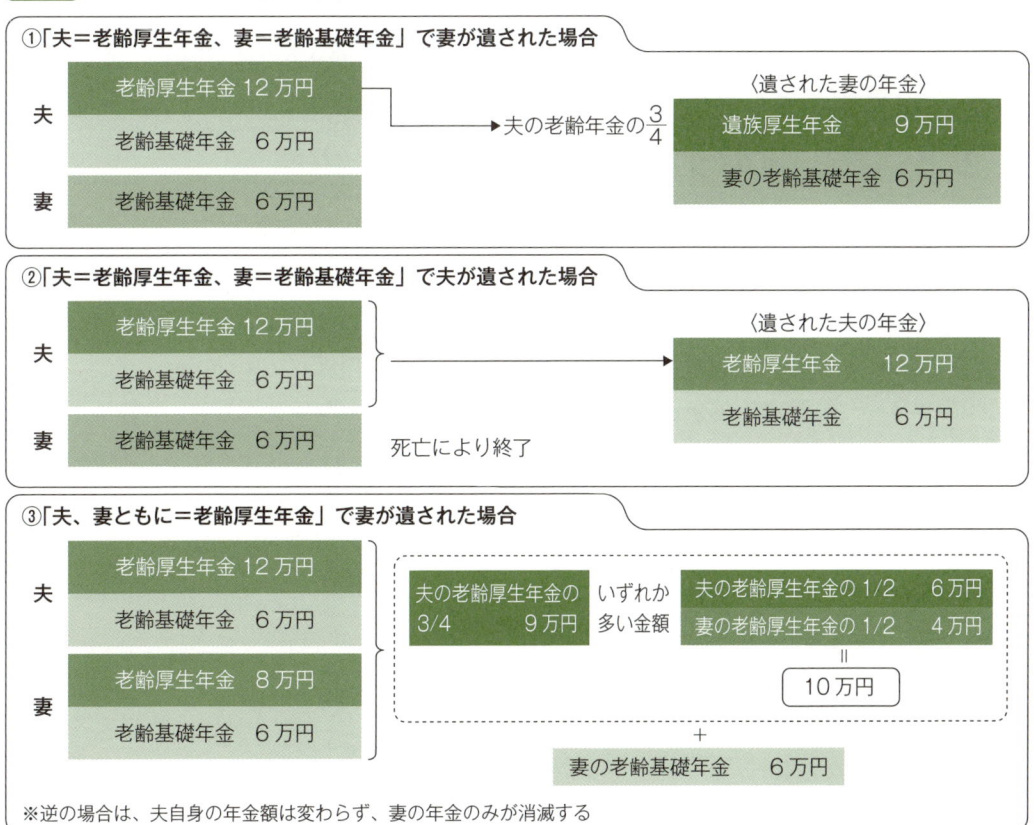

図表 2-5-2　パターン別　高齢期の遺族年金月額（例）

（※）厚生年金保険加入者の老齢年金の年金額は「夫＝老齢厚生年金月12万円＋老齢基礎年金月6万円」「妻＝老齢厚生年金月8万円＋老齢基礎年金月6万円」、老齢基礎年金は「月6万円」で計算
（出所）著者作成

Q2-6

老後の生活費はいくらくらいかかりますか。

A 世帯主が60歳以上の無職世帯の1カ月当りの生活費は約23万円。税金・社会保険料（2万3,844円）を差し引いた消費支出（実質生活費）は約21万円（21万660円）です。また、単身世帯の生活費は、夫婦のみの世帯の6割程度となっています。

1. 毎月約5万円を貯蓄などから取り崩している高齢無職世帯

　厚生労働省「平成25年　家計調査報告平均速報結果の概況」によると、高齢無職世帯（世帯主が60歳以上で無職の世帯）の実収入は18万808円です。その内訳をみると、公的年金などの社会保障給付が15万8,400円と9割近く占めています。一方、生活費（税金・社会保険料の支払い含む）は23万4,504円かかっており、毎月5万3,696円を貯蓄などから取り崩す生活をしているようです（図表2-6-1）。

　月5万円を60歳から100歳まで取り崩すとなると、2,400万円の預貯金が必要です（金利0％の場合）。生活費と年金収入との差（約8万円）をカバーするには3,840万円を用意しなければいけません。平均的な暮らしを維持するには、退職金以上の老後資金が不可欠といえるでしょう。

2. 一人暮らしになったときは

　世帯主が60歳以上で働いていない家庭でも、家族と暮らしている場合と一人暮らしをしている場合では家計は大きく変わります。

　厚生労働省の先のデータによると、2人以上で暮らしている高齢無職世帯の消費支出は24万2,598円であるのに対して、60歳以上の単身無職世帯の消費支出は14万4,820円と約60％の水準になっています（図表2-6-2と図表2-6-3）。個別の支出項目を比べても、食費は6万459円→3万2,905円（54％）に、水道光熱費は2万587円→1万3,127円（64％）、保健医療費は1万5,106円→8,600円（57％）になっています。一人暮らしになることによって、生活費はおおむね4割下がると考えてよいでしょう。

図表2-6-1　高齢無職世帯の収入と支出（月平均）

収入	社会保障給付	158,400 円	180,808 円
	その他収入 (※)	22,408 円	
支出	消費支出	210,660 円	234,504 円
	税金・社会保険料	23,844 円	
不足分（貯蓄などからの取り崩し）			53,696 円

（※）世帯主の配偶者やその他家族の収入の合計
（出所）平成25年家計調査報告平均速報結果をもとに著者作成

ただし、一人暮らしの場合、寝たきりや認知症等になると、自宅で暮らし続けることが困難になることがあります。介護施設に入所した場合、毎月の利用料金は施設により異なりますが、月20万円を超えるものも多いようです。高齢期の資金計画をアドバイスする場合は施設介護の可能性も十分に考慮してプランニングしましょう。

3. 60歳代、70歳以上に多い支出とは

　世帯主が60歳代の場合、他の世代に比べてゴルフにかけるお金が突出して高くなっています。仕事から解放され、自由になる時間とお金が増えたからでしょうか、30歳未満の世帯と比べると13.8倍の出費です。また、70歳以上で多いのは、サプリメントなどの健康保持用摂取品の購入費です。2人以上暮らしの世帯で年代別に統計をとったところ、年齢を重ねるごとに支出金額は高くなり、70歳以上では平均して月2万円以上を健康のために使っています（厚生労働省「家計簿からみたファミリーライフ」）。

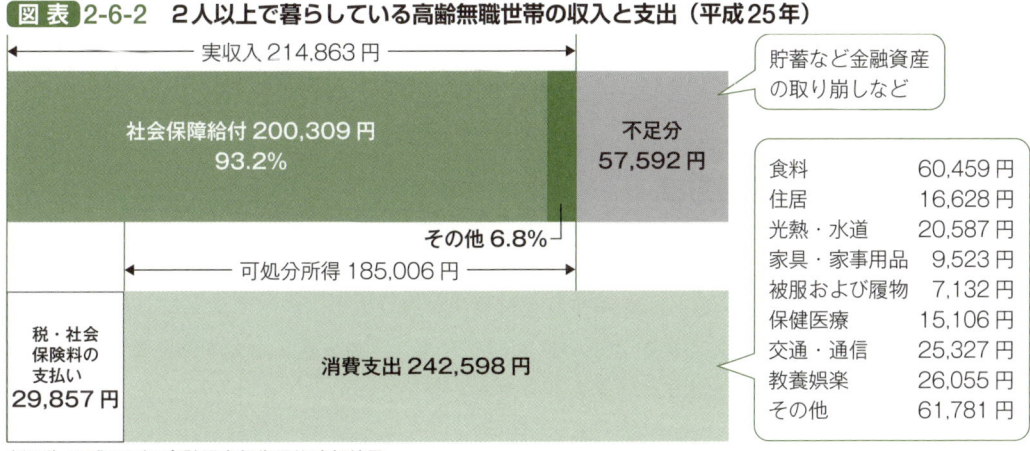

図表 2-6-2　2人以上で暮らしている高齢無職世帯の収入と支出（平成25年）
（出所）平成25年 家計調査報告平均速報結果

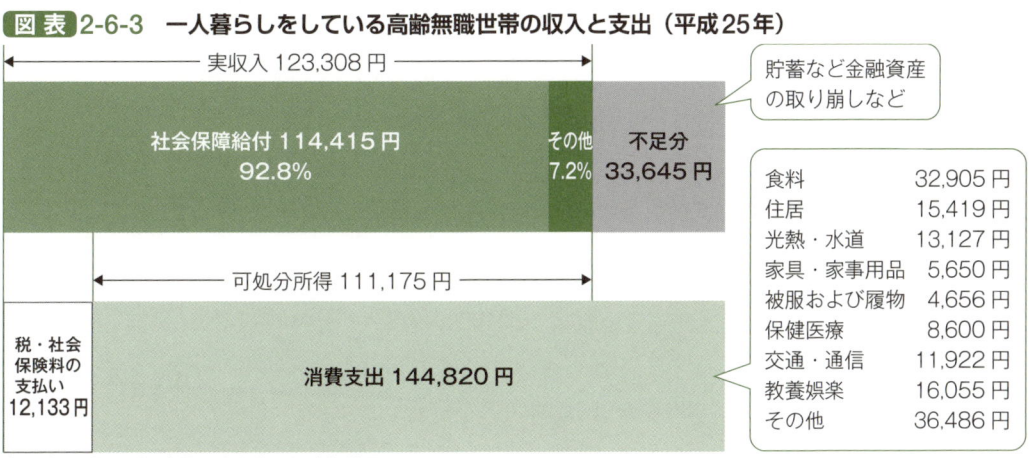

図表 2-6-3　一人暮らしをしている高齢無職世帯の収入と支出（平成25年）
（出所）平成25年 家計調査報告平均速報結果

Q2-7

退職金の金額を調べる方法はありませんか。

A 退職金の計算式は就業規則または退職規程に詳しく書いてあります。設定は各社各様ですが、多くの会社は退職時の賃金をベースにした算定方式（退職金額＝退職時の基本給×勤続年数に応じた係数×退職事由係数）を採用しています。

1. 就業規則・退職規程で調べる

　退職金を支給するか否かは事業主の自由裁量です。会社勤めだからといって必ず退職金がもらえるものではありません。しかし退職金を支給すると決めた場合、正社員が常時10人以上の事業所であれば、必ず就業規則（もしくは退職規程）で退職金の計算や支払い方法などを定めて、労働基準監督署に届け出なければなりません。正社員が10名以上いる事業所は必ず就業規則を作ることが義務づけられていますので、まずはそれをチェックすることから始めましょう。就業規則を従業員に配布していない会社もありますが、その場合には従業員が必要なときに自由に閲覧できるように各職場に設置することが義務づけられています。担当部署に確認すると、設置場所を教えてくれるはずです。

2. 退職金額の算定方式

　退職金の算定方式には、①退職時の賃金をベースにしたもの、②会社への貢献度をポイントにして反映したもの（ポイント方式）、③勤続年数と役職などの等級別に係数を設定したもの（別テーブル方式）、④勤続年数に応じて退職金額を設定したもの（定額方式）などがあります。厚生労働省「平成25年就労条件総合調査」によると、調査企業の55.6％が①を採用、次いで②19.0％、③14.6％、④7.8％を採用していますが、企業規模が大きくなるほど①以外の比率が増加しています。

　図表2-7-1は「①退職時の賃金をベースにした退職金算定方式」の計算例です。早期退職制度の場合、さらに特別加算退職金（割増退職金）を設けているところもあります。

図表2-7-1　退職時の賃金をベースにした退職金の計算例

係数表（例）

勤続年数	会社都合	自己都合
10	9	4.5
20	26.5	18.55
30	42	29.4
40	52	36.4

退職時の基本給＝月額50万円、勤続30年で定年退職した場合

〈計算式〉
退職金＝50万円×42（会社都合の係数）
　　　＝2,100万円

2,100万円

（出所）著者作成

3. 統計データで代用する方法

　就業規則を従業員に配布していない会社の場合、わざわざ会社に確認することに難色を示すお客様は多いようです。そんなときは、統計データを活用しましょう（図表 2-7-2）。

図表 2-7-2　学歴別退職者1人平均退職給付額等データ（勤続20年以上かつ45歳以上の退職者）

退職事由・企業規模・勤続年数・退職給付制度の形態		大学卒 退職給付額（万円）	大学卒 月収換算（月分）	高校卒（管理・事務・技術職） 退職給付額（万円）	高校卒（管理・事務・技術職） 月収換算（月分）	高校卒（現業職） 退職給付額（万円）	高校卒（現業職） 月収換算（月分）
退職事由	定年	1941	37.6	1673	39.7	1128	35
	自己都合	1586	31.1	1159	31.7	784	27.4
	早期優遇	1966	45.1	1945	54.1	1418	48.5
勤続年数別定年退職金	20～24年	826	18.5	505	17.5	433	16.6
	25～29年	1083	21.8	692	20.7	603	21.6
	30～34年	1856	34.4	938	25.6	856	28.4
	35年以上	2156	41.4	1965	43.8	1484	42.1
企業規模別定年退職金 1000人以上	退職一時金制度のみ	1764		1645		1243	
	退職年金制度のみ	2256		1942		1351	
	両制度併用	2525		2286		1733	
企業規模別定年退職金 300～999人	退職一時金制度のみ	1338		1013		809	
	退職年金制度のみ	1699		1316		1041	
	両制度併用	2074		1978		1348	
企業規模別定年退職金 100～299人	退職一時金制度のみ	1147		871		721	
	退職年金制度のみ	1122		1396		676	
	両制度併用	1635		1447		1532	
企業規模別定年退職金 30～99人	退職一時金制度のみ	919		786		527	
	退職年金制度のみ	1155		755			
	両制度併用	2343		1713			

（注1）「退職給付額」は、退職一時金制度のみの場合は退職一時金額、退職年金制度のみの場合は年金現価額、退職一時金制度と退職年金制度併用の場合は退職一時金額と年金現価額の計である。
（注2）「月収換算」は、退職時の所定内賃金に対する退職給付額割合である。
（出所）厚生労働省「平成25年度就労条件総合調査」

Q2-8

企業年金はどのように受け取るのが得ですか。

> **A** 企業年金の受取方法には「①年金（有期年金または終身年金）」、「②一時金」、「③年金と一時金の併用」があります。会社によっては受取方法が決まっていることもありますが、①②③の3つのパターンから自由に選ぶことができることもあります。その場合、予定利率、税制、社会保険料、ライフプランの4つの視点で検討することが大切です。

1. 収入だけでなく、裏に隠れている出費も考慮しましょう

　単純比較をすると、受取総額は年金でもらったほうが多くなります。例えば、退職一時金で受け取ると1,000万円のものが予定利率3％の企業年金として60歳から15年間で受け取ると年金総額は約1,240万円になります。年金受給期間が長いほど、この差は大きくなります。

　しかし正確な損得を調べる場合は、所得税、住民税、社会保険料を計算しなければなりません。受取額は多くても、税金などの非消費支出が増えてしまうと年金のほうが必ずしもお得とはいえないケースがあるからです。それでも、「一時金で受け取るよりも定期的に受け取るほうがよい」という考えのお客様もいらっしゃいます。

　図表2-8-1は予定利率3％の企業年金を（A）60歳のときに一時金1,000万円で受け取った場合と（B）15年間年金で受け取った場合（年金年額82.68万円）で比較したものです。年金でもらったほうが、実際の収入は240.2万円も多いのですが、社会保険料や税金を差し引いた実質利益でみると、一時金でもらったほうが得ることがわかります。

　受け取った一時金で住宅ローンを繰り上げ返済すると、さらにお得です。1,000万円の一時金を使って、「固定金利3％、残存期間10年、ローン残高1,000万円」の住宅ローンを完済すると、158万7,300円の利息が軽減できます。

　企業年金を年金形式で受けるときには、「少額で長く」が基本です。受取期間を長くするのは

図表2-8-1　企業年金の受取方法、年金と一時金ではどちらがお得か

（A）年金原資1,000万円を一時金として受け取った場合
- 60～74歳の総収入＝一時金1,000万円＋年金総額3,420万円＝**4,420万円**…①
- 15年間の社会保険料＝226.84万円　　・15年間の所得税・住民税＝159.10万円
- 社会保険料と税金の合計＝**385.94万円**…②

（B）年金原資1,000万円を年82.68万円の年金として15年間受け取った場合
- 60～74歳の総収入＝年金82.68万円×15年間＋年金総額3,420万円＝**4,660.2万円**…③
- 15年間の社会保険料＝315.59万円　　・15年間の所得税・住民税＝314.56万円
- 社会保険料と税金の合計＝**630.15万円**…④

　　　　　年金で受け取ったときの実質利益＝（③－①）－（④－②）＝▲4.01万円

（出所）著者作成

もちろんですが、年金と一時金の併用が可能であれば、一時金の比重を高めるなどして調整してください。年金受取期間は制度によっては「5年、10年、15年、20年、保証期間付き終身年金」などから選べます。長生きしそうな人や企業年金の財政状況に不安を感じている人は受取期間を終身にするとよいでしょう。終身年金は現在の年金原資を使って「保証期間付きの一時払い終身年金保険」に入り直すかたちで対応されているので、その時点で予定利率が固定されます。

2. 一定金額以下の退職一時金は非課税になる

企業年金を一時金で受け取ると退職所得となります。退職所得控除が使えるので、一定額以下の年金であれば税金はかかりません（図表2-8-2）。退職所得控除額を超えた金額に関しても、税金の対象になるのは2分の1の金額になります。

3. 予定利率について

予定利率は「将来これくらい（％）の収益をあげるだろう」と、掛金を設定する際にあらかじめ決めておく利回りのことです。一時金で受け取る際の割戻率として利用されています。

図表2-8-3は確定給付企業年金と厚生年金基金の加算部分にかかる予定利率の分布を示したものです。予定利率は毎年見直されていますが、「下限予定利率」を下回ることのないようになっています（平成23年度下限予定利率は1.1％）。個々の企業年金の予定利率は勤務先の担当部署に聞けばわかります。受取方法を決める際は必ず確認してください。

図表2-8-2 退職所得控除額の速算表

勤続年数	退職所得控除額
20年以下	勤続年数×40万円（最低80万円）
20年超	800万円＋70万円×（勤続年数－20年）

（※）勤続年数の1年未満の端数は切り上げ
（出所）著者作成

図表2-8-3 確定給付企業年金の予定利率分布

予定利率	分布割合 確定給付企業年金（本則基準）	分布割合 厚生年金基金の加算部分
1.0％以上〜1.5％未満	1.00％	
1.5％以上〜2.0％未満	5.00％	
2.0％以上〜2.5％未満	22.60％	4.20％
2.5％以上〜3.0％未満	26.30％	8.30％
3.0％以上〜3.5％未満	43.60％	16.70％
3.5％以上〜4.0％未満	0.90％	25.00％
4.0％以上〜4.5％未満	0.60％	12.50％
4.5％以上〜5.5％未満		2.10％
5.50％	0.00％	31.20％
予定利率の平均	2.60％	4.00％

（出所）第一生命「予定利率・年金換算及び割引率に関する統計（平成25年度）」より著者作成

Q2-9

退職後再就職すると、年金が少なくなるって本当ですか。

A 本当です。年金を受けている人が再就職して厚生年金の被保険者になった場合、老齢厚生年金の一部または全部が支給停止されます。この老齢厚生年金を調整するしくみを「在職老齢年金制度」といい、年齢、現在の給料、直近1年間の賞与、老齢厚生年金（特別支給の老齢厚生年金）の年金額によって影響の受け方が違います。

1．在職老齢年金制度のしくみ

　在職老齢年金制度は、60歳以降働きながら年金を受け取り、給料と老齢厚生年金月額の合計額が一定額を超えると、年金の全部または一部が支給停止される制度です。この場合の「働く」とは、「厚生年金保険の被保険者となって働く」ことです。個人事業主として第2の人生を歩んでいる人など厚生年金の被保険者とはならずに働いている場合は対象外となります。

　具体的には、総報酬月額相当額（現在の給料＋直近1年間の標準賞与額の合計×$\frac{1}{2}$）と基本月額（加給年金額を除く特別支給の老齢厚生年金（老齢厚生年金）額×$\frac{1}{12}$）の合計額が次に挙げる金額以上になった場合です。

・60歳〜64歳→28万円　　・65歳以上→47万円（平成27年度）

　例えば、「60歳台前半、給料26万円、基本月額10万円、直近1年間に賞与なし」のAさんの場合、図表2-9-1の（B）の計算方法により年金の調整が行われます。

　調整後の年金月額＝10万円−（26万円＋10万円−28万円）÷2＝6万円

　本来1ヵ月あたり10万円払われるはずの年金が、月6万円に減額されます。しかし、仕事をやめてからの年金額は現時点で算出された金額よりも増えることになります。

図表2-9-1　60歳台前半の在職老齢年金の計算方法（平成27年度）

基本月額と総報酬月額相当額	計算方法（在職老齢年金制度による調整後の年金支給月額）
基本月額と総報酬月額相当額の合計額が28万円以下の場合	(A) 全額支給
総報酬月額相当額が47万円以下で基本月額が28万円以下の場合	(B) 基本月額−（総報酬月額相当額＋基本月額−28万円）÷2
総報酬月額相当額が47万円以下で基本月額が28万円超の場合	(C) 基本月額−総報酬月額相当額÷2
総報酬月額相当額が47万円超で基本月額が28万円以下の場合	(D) 基本月額−｛(47万円＋基本月額−28万円)÷2＋(総報酬月額相当額−47万円)｝
総報酬月額相当額が47万円超で基本月額が28万円超の場合	(E) 基本月額−｛47万円÷2＋(総報酬月額相当額−47万円)｝

（出所）日本年金機構HP

65歳以上になると、在職老齢年金の計算式が変わります。

総報酬月額相当額と基本月額の合計額が47万円を上回る場合に、図表2-9-2の計算方法により年金調整が行われます。平成19年4月以降に70歳に達した人が70歳以降も厚生年金適用事業所に勤務している場合は厚生年金保険の被保険者ではありませんが、65歳以上の人と同じように在職中による支給停止が行われます。

例えば、「60歳台前半、給料30万円、基本月額10万円、直近1年間に賞与なし」のBさんが65歳以上になっても厚生年金保険に加入し同条件で働き続けた場合は、図表2-9-2の（F）の計算方法により年金は全額支給されます。

一方、「給料50万円、基本月額12万円、直近1年間に賞与なし」のCさんが65歳以上になっても厚生年金保険に加入し同条件で働き続けた場合は、図表2-9-2の（G）の計算方法により加給年金額を除いた老齢厚生年金額との調整が行われ、本来、1カ月あたり12万円支払われるはずの年金が4.5万円に減額されます。

調整後の年金月額＝12万円－（12万円＋50万円－47万円）÷2＝4.5万円

2. 定年退職直後の1年間は要注意

退職直後の1年間は在職中の賞与額が影響するため、総報酬月額相当額は高額になりがちです。在職老齢年金による年金調整の影響が大きくなりやすいので注意してください。

なお、個人事業主になったり、従業員5人未満の個人事業所で働いたり、週3日勤務などのアルバイト的な働き方をした場合、原則として厚生年金保険の被保険者とはならないので在職老齢年金は適用されません。いくら稼いでも年金が支給停止されることはないのです。

在職老齢年金による年金調整を避けるためにこのような働き方を選択する人もいらっしゃるようですが、気にしすぎてはいけません。定年後も厚生年金保険に加入して保険料を払うということは、仕事をやめた後の年金額が増えることを意味します。老齢厚生年金保険からもらえる年金額が多くなれば、自分に万一のことがあったときに妻に支給される遺族厚生年金の金額も増えます。木を見て森を見ず、にならないように気をつけてください。

図表 2-9-2　65歳以上の在職老齢年金の計算方法（平成27年度）

基本月額と総報酬月額相当額	計算方法（在職老齢年金制度による調整後の年金支給月額）
基本月額と総報酬月額相当額との合計が47万円以下の場合	(F) 全額支給
基本月額と総報酬月額相当額との合計が47万円を超える場合	(G) 基本月額－(基本月額＋総報酬月額相当額－47万円)÷2

（出所）日本年金機構HP

Q2-10

妻から離婚したいといわれました。財産分与や年金分割について教えてください。

A 夫婦の年金を離婚後に分割できる制度があります。婚姻期間中の厚生年金保険料納付期間を双方の合意のもとで分割する「合意分割制度」と、平成20年4月以降の第3号被保険者期間を対象にした「3号分割制度」の2種類があります。財産分与は離婚前に行うか、離婚後に行うかによって課税関係が変わりますので注意しましょう。

1．話し合って分け方を決める「合意分割制度」

離婚時の年金分割は厚生年金特有の制度です。婚姻期間中の厚生年金保険料納付記録を離婚時に限って当事者間で分割することが認められています。具体的には話合いにより分割する「合意分割制度」と平成20年4月以降の3号被保険者期間を対象にした「3号分割制度」の2種類があります（図表2-10-1）。

この制度を利用すれば夫の年金の半分を自分のものにできると勘違いしている女性は少なくありませんが、現実的には夫の年金がそこまで大きく減ることのないようになっています。年金分割の対象となるのは「老齢厚生年金の報酬比例部分」かつ「婚姻中の当事者の厚生年金の標準報酬」だけだからです。老齢基礎年金（特別支給の老齢厚生年金の定額部分）は対象になりません。

合意分割制度であっても、当事者の一方の求めによって裁判所が合意割合を定めることができます。しかし、基本的には双方の話し合いで0〜50％の範囲で分割割合を決めるのが前提です。

図表2-10-1　離婚時の厚生年金分割イメージ

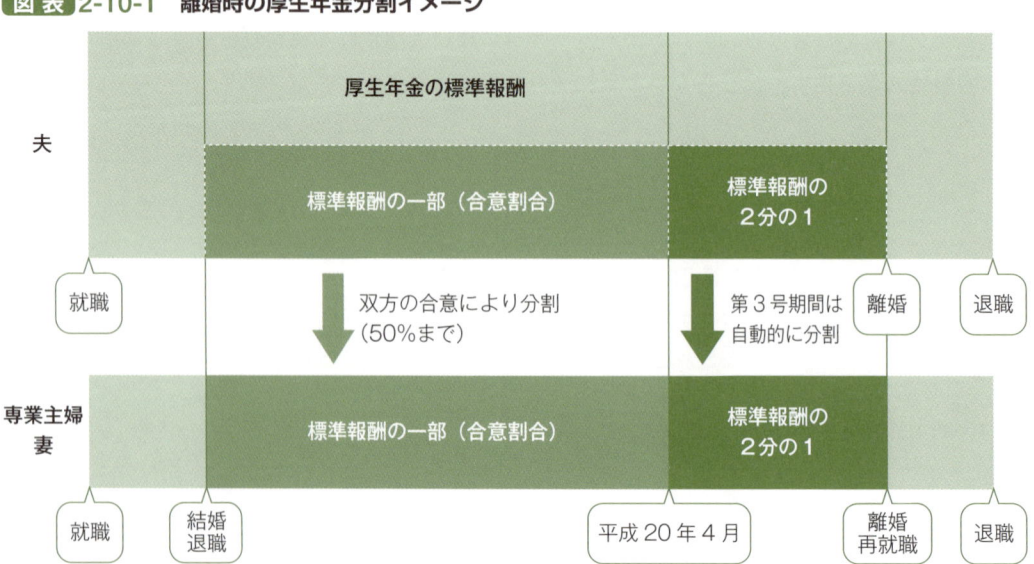

（出所）著者作成

対象になるのは「夫と妻の婚姻期間中の標準報酬の合計額」です。婚姻期間中に妻が会社勤めをしていれば、それも合算して分割することになります。

具体的な年金額を知りたい場合は最寄りの年金事務所に年金手帳と婚姻関係を証明する書類（戸籍謄本など）を持って相談に行ってください。分割後の年金試算もしてもらえるようです。事実婚の場合はそれを証明できる書類があれば大丈夫ですが、どんな書類を持参すればいいのかを電話で確認した上で行くのが賢明でしょう。

2. 妻の申請のみで利用可能な「3号分割制度」

平成20年4月以降に第3号被保険者期間がある場合、「3号分割制度」が利用できます。これは平成20年4月以降の第3号被保険者期間に関して、離婚時に第3号被保険者である妻が年金事務所に請求すれば、「夫の厚生年金保険の被保険者期間にかかる標準報酬の$\frac{1}{2}$」が自動的に分割されるものです。こちらも年金事務所で試算可能です。

3. 離婚時の財産分与の注意点

財産分与とは、夫婦のそれまでの生活において形成された財産を、離婚の際に清算して分配することです。民法768条に「協議上の離婚をした者の一方は、相手方に対して財産の分与を請求することができる」と規定されています。

財産分与の対象となるのは不動産や預貯金など、結婚後に夫婦が共同で築き上げた共有財産です。生命保険や借金、退職金も財産分与の対象になります。ただし、結婚前に所有していた財産や結婚前にもらったもの（家財道具など）、相続財産、贈与財産、個人で使用する日用品、会社の財産（夫婦で一緒に運営している場合を除く）等は対象外です。

財産分与は原則として贈与税がかかりません。夫婦の財産関係の清算や離婚後の生活保障のための財産分与請求権に基づき給付を受けたものと考えられるからです。

不動産を財産分与する場合は譲渡したほうに「譲渡所得に対する所得税と住民税」がかかります。取得費よりも現在の時価が上回っているマイホームを財産分与する場合は、所有権移転登記を離婚成立後に行うのが賢明です。離婚前なら夫婦間譲渡になるので「居住用財産を譲渡した場合の3,000万円の特別控除の特例」が使えないからです。離婚成立後であれば他人への譲渡になるので同控除が使え、譲渡所得が3,000万円以内であれば税金はかかりません。

図表2-10-2 離婚時の年金分割のポイント

ポイント
①離婚時にかぎり、婚姻期間中の「当事者の厚生年金保険の被保険者期間にかかる標準報酬」を分割することができる
②分割割合は当事者間の協議により決める（ただし分割割合は、双方の標準報酬を合計した金額の$\frac{1}{2}$まで）
③平成20年4月以降の第3号被保険者期間に関しては、第3号被保険者であった当事者の請求がある場合、相手方の厚生年金保険の被保険者期間にかかる標準報酬を$\frac{1}{2}$ずつに分割しなければならない

（出所）著者作成

第3章 老後資金の準備と運用

石原 敬子

Q3-1

資産運用の基本的な考え方である分散投資について教えてください。

> **A** 分散投資は、資産運用のリスクをコントロールするための基本的な手法です。分散投資とは、資産をいくつかの金融商品や投資物件などに分けて運用することです。運用資産には大小さまざまなリスクがありますが、分散投資は運用資産を組み合わせることによりリスクをコントロールする手法です。リスクをコントロールすることにより、資産運用の収益の不確実さを小さくすると、目標達成により近づくことができます。

1. 分散投資の目的は、運用リスクをコントロールするため

　分散投資は、資産運用のリスクをコントロールするための基本的な手法です。

　私たちは、資産運用に限らず、日常の生活や経済活動においてもさまざまなリスクに囲まれています。「購入した宝くじが当たるかもしれない」「投稿した写真が入賞するかもしれない」「明日、病気になるかもしれない」「自分より先に配偶者が亡くなるかもしれない」など、良くも悪くも、不確実な要素があればリスクと呼ぶことができます。

　リスクとは、「ある程度は予測できるもののその実現性が不確実なとき、その不確実さの度合い」のことを指します。リスクは「危険」という意味ではなく、「不確実な出来事が起こる可能性のブレ」です。資産運用における主なリスクを 図表 3-1-1 に挙げておきます。

　資産運用では、これらのリスクを背負うことになります。運用対象の金融商品や投資物件によって、どのリスクを持つか、そしてリスクの大小はどの程度かが異なります。リスクの異なるものをいくつか組み合わせて保有したり、投資のタイミングをずらしたりすることで、資産全体のリスクをある程度までコントロールすることが可能になります。

2. ライフプランや求めるリターンに応じて、リスクをコントロール

　ライフプランに沿って資金計画を立てる場合、「資産を年率〇%で△年間運用したい」という目標を掲げ、目標に対する結果のブレを小さくするためにリスクをコントロールします。しかし、

図表 3-1-1　資産運用における主なリスク

価格変動リスク ：投資資産の価値が変動するリスク
信用リスク ：投資先の財務状況が悪化し、債務不履行などに陥るリスク
インフレリスク ：物価の上昇率が運用資産の収益率を上回るリスク
金利リスク ：金利が変動することによって、金融商品の価格が変動するなどのリスク
流動性リスク ：運用資産を現金化することが困難、または不可能になるリスク
為替リスク ：運用資産が外貨建ての場合、為替相場の変動で価値が変動するリスク
カントリーリスク ：運用資産が所在する国の政治や経済情勢に起因するリスク

（出所）著者作成

通常は目標が高ければ高いほど実現性が低くなり、リスクが大きくなります。

リスクが大きい投資や行動は、必ずしも悪いことではありません。人生において、リスクに挑んだ結果としてチャンスを手にできるように、資産運用でも、あえてリスクをとってリターンを得ることが望ましい場合もあります。しかしそれも、お客様の資産状況と投資経験、資産運用にかける時間などを勘案した上で適切なものでなければなりません。高いリターンを得ようとすれば、それに見合うリスクを背負わなければならないため、個々の資金の事情や志向に応じて、適切なリターンとリスクを考え、リスクを許容範囲内にとどめるべきです。

このように資産運用では、守るべき資金はリスクを低く抑え、高いリターンを求める場合も許容範囲内にリスクを抑えられるよう、適切なリスクコントロールが求められます。

3. 大小の価格変動リスクを持つ金融資産に分散投資をする

個々の金融商品が持つ価格変動リスクを抑える手法としては、①資産分散、②銘柄分散、③時間分散などがあります。ここでは、①資産分散により価格変動リスクをコントロールするイメージを図表3-1-2を使って考えてみることにします。

無リスク資産Aと価格変動リスクの水準が異なる資産B〜Dの4種類の金融商品があるとします。お客様の資産をこれらに4等分したポートフォリオで運用したと仮定し、30年間運用した場合の値動きを太い実線のグラフで示しています。

4種類の資産は、それぞれの特徴により異なる値動きをしています。これらを均等に組み入れたポートフォリオの値動きには、資産CやDのような比較的大きな値動きの幅を抑える効果がみられます。金融商品の組み合わせや比率を変えることで、ポートフォリオの価格変動は大きくもなれば小さくもなります。リスク許容度に合わせて資産を組み合わせましょう。

図表 3-1-2 資産A〜Dと等配分ポートフォリオの値動き(当初価格を1万円とする)

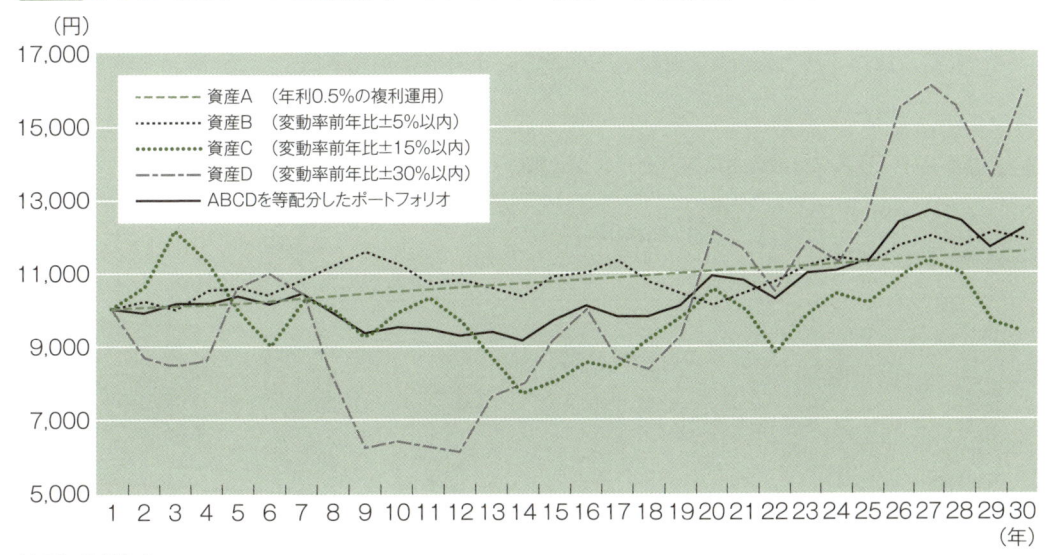

凡例:
- 資産A (年利0.5%の複利運用)
- 資産B (変動率前年比±5%以内)
- 資産C (変動率前年比±15%以内)
- 資産D (変動率前年比±30%以内)
- ABCDを等配分したポートフォリオ

(出所)著者作成

Q3-2

具体的なリスク分散の方法にはどのようなものがあるでしょうか。リタイア世代の分散投資はどのような考え方に基づいたらよいでしょうか。

> **A** リスク分散の主な方法には、性格の異なる金融商品や投資物件などに投資対象を分ける「資産分散」、同じ種類の金融商品内で異なる銘柄に分散する「銘柄分散」、投資のタイミングをずらす「時間分散」などがあります。分散投資の比率を一定に保つためのリバランスを行うことや、特定の金融商品に資産を偏らせないことが大切です。

1. リスク分散の主な方法

リスク分散の主な具体的方法には、次のようなものがあります。

資産分散や銘柄分散は、前項で見たような価格変動リスクの軽減効果があります。商品性が異なれば、信用リスクやインフレリスク、金利リスクなど、他のリスクについても分散効果が働きます。

お客様のリスク許容度に応じて、金融商品や投資物件、銘柄の組み合わせや配分を行います。リタイア世代のお客様については、運用目標だけに目を向けるのではなく、すぐに換金できる資金をどの程度確保しておいたらよいかという流動性についても、ご意見をよく聞いた上でポートフォリオに反映させるようにしましょう。

時間分散については、投資や預け入れのタイミングをずらすことで購入価格や適用金利、売却時の価格を散らすことができます。将来の価格や金利の変動は不確実なので、予算の全額を一度に投じることは「一か八か」の取引となります。これを防ぐことが目的です。

2. 分散投資の効果は、長期間でこそ発揮できる

過去に起こった「○○危機」と呼ばれるような、市場価格が急激に、かつ大きく下落した場面

図表 3-2-1　リスク分散の主な方法とリスク分散の一例

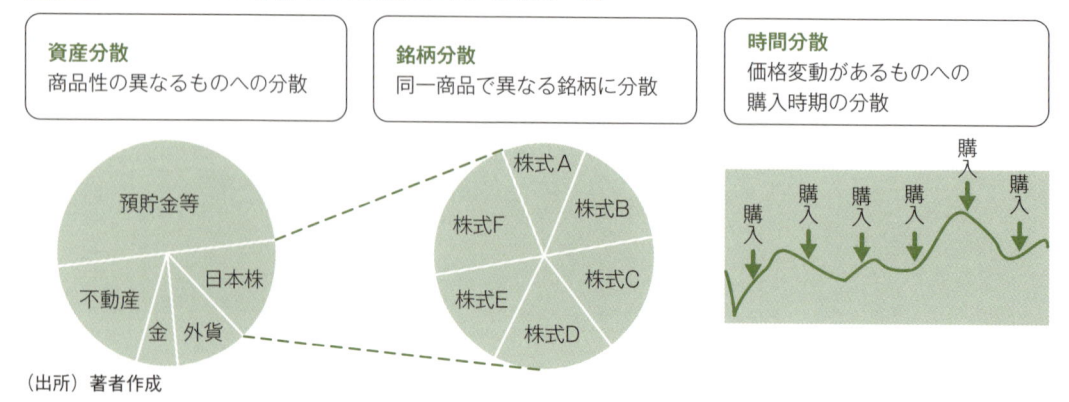

資産分散	銘柄分散	時間分散
商品性の異なるものへの分散	同一商品で異なる銘柄に分散	価格変動があるものへの購入時期の分散

（出所）著者作成

では、「分散投資の効果がなかったのではないか」といわれることがあります。しかし、「○○危機」のような状況は、長期的な流れの中では「瞬間の出来事」でしかありません。資産運用に関するさまざまな調査では、同じ期間で比較すると、例え途中で「○○危機」が起こっても、個々の金融商品や投資物件などで運用をしているより性格の異なるいくつかのものに分散投資をしていたほうが下落幅が小さくすんだ、という結果が多くみられています。

3. リタイア世代は、支出に関する資金計画が立てやすい

リタイア世代の資産運用では、若い世代より、運用期間が短いことで自由度が劣ります。しかし、逆の発想をしてみてはいかがでしょうか。

リタイア世代には、「運用のゴールまでの計画のブレが小さくてすむ」というメリットもあります。生涯にわたって必要な資金額や余裕資金の金額は、若い世代より見積りやすいのです。必要資金のためのポートフォリオの運用と余裕資金の運用では、たいていの場合、リスク許容度が異なります。リタイア世代の資産運用プランでは、資金の使い道別に運用資金を分けて、それぞれ目標を立て、それぞれのゴールを目指すような形をとりやすいと思います。

4. リタイア世代は、マメにリバランスを

マネープランに基づいて一度作成したポートフォリオも、価値の変動に応じて見直しをする必要があります。当初、念入りに計画をした上で行った分散投資でも、月日が経過するに従い、個々の金融商品の値動きによって投資比率が変わっていきます。この比率を当初の計画通りに戻すことをリバランスといいます。期待リターン以上に値上がりしたものは比率が高まり、値下がりしたものは比率が低くなっています。過度に値上がりした場合は、嬉しい反面、その時点では予想から大きくブレた状態です。これは期待リターン程度まで値下がりしてしまう可能性を含み、リスクが高い状態なので換金します。そして過度に値下がりしたものを買い増しし、ポートフォリオ全体を当初の分散配分に戻します。

運用期間に限りがあるリタイア世代は、マメにリバランスを行って当初計画した分散投資の配分に戻し、思わぬ出来事で資産が大きく痛まないように対処しておきましょう。

5. 有利だと考えるものばかりへの投資は、「相場を当てに行く」行為

分散投資を行う上で誤りやすいのは、「今の相場環境ではこれが有利だ」と判断した、いくつかの金融商品や投資物件ばかりに資産を配分してしまうことです。これではリスク軽減にはなりません。分散投資ともいえません。不確実な出来事が起こったときのために行うのが分散投資です。例え今は有利とはいえない運用対象でも、分散投資の投資対象に組み入れておくことが重要です。予想していなかった相場環境になった場合に、それがお客様を救ってくれるような、意外な結果をもたらしてくれるからです。

Q3-3

自分がどの程度までリスクを取れるかは、どのように考えたらよいでしょうか。

A 投資における期待リターンに対し、どの程度までのブレなら耐えられるかの度合いをリスク許容度といいます。投資家の家族構成、収支や保有資産の状況、性格、投資経験などから判断します。判断の際には、過去における投資対象の価格変動や為替相場の変動、投資対象の信用性などを参考にします。

1. リスク許容度を知り、最適なポートフォリオを組む

　リスクにはさまざまなタイプがあり、金融商品ごとにリスクが違います。リスクの大きさは、異なる性格の金融資産や投資物件を組み合わせることでコントロールすることができます。組み合わせたポートフォリオのリスクの大小は、組み入れる運用対象の配分によります。

　では、目の前のお客様はどの程度までリスクに耐えることができるでしょうか。お客様のリスク許容度を知り、その範囲内でポートフォリオの収益率が最大になるような資産運用の設計ができれば、最も効率的な運用が可能になります。

2. リスクの大きさを大まかに把握する

　リスクの大きさは、一般的に標準偏差で表されます。標準偏差とは、ブレのあるものがもたらす、ブレの「ばらつき」を示す数値です。お客様に確率統計論のお話をすることが目的ではないので、ここでは標準偏差の説明は割愛します。ざっくりと、投資対象の過去の値動きの最大値から最小値までの幅を知っていれば、だいたいのリスクの大きさはわかります。

　では価格変動リスクについて、お客様がどの程度までリスクを許容できるかを調べる方法を簡単に説明します。

　まず、いくつかの金融商品を組み合わせたポートフォリオを作成したとき、過去のデータから予測されるポートフォリオ全体の値動きを考えます。図表3-3-1では、100万円の資金について、金融商品A〜Dに配分比率を変えて投資をした、ポートフォリオ①、②、③を作成し、大まかなリスクの大きさ（ばらつき）を考えてみました。1年後に、資産B〜資産Dが全て、それぞれの予測範囲のうちで最悪だったとしましょう。それぞれのポートフォリオがどのぐらいの価値になっているかを求め、どの程度までの値下がりに耐えられるかをお客様に考えていただきます。

　資産Aは確定利回り商品なので、事実上値下がりすることはありません。4種類の金融資産への配分を少しずつ変えたポートフォリオ①〜③は 図表3-3-1 で示したとおりです。

　最悪なケースの場合、1年後、元の資金100万円は、ポートフォリオ①では94.8万円、②では90.2万円、③では85.6万円です。このとき、お客様は感覚的にどの程度の値下がりまで許せるでしょうか。

　図表3-3-1のように、どの程度までの値下がりなら耐えられるのか、いくつかのポートフォ

リオ例を示し、ざっくりとした計算結果を提示して聞いてみます。するとその返答から、お客様のリスク許容度をある程度測定することができます。

図表 3-3-1　リスク許容度の大まかな測り方

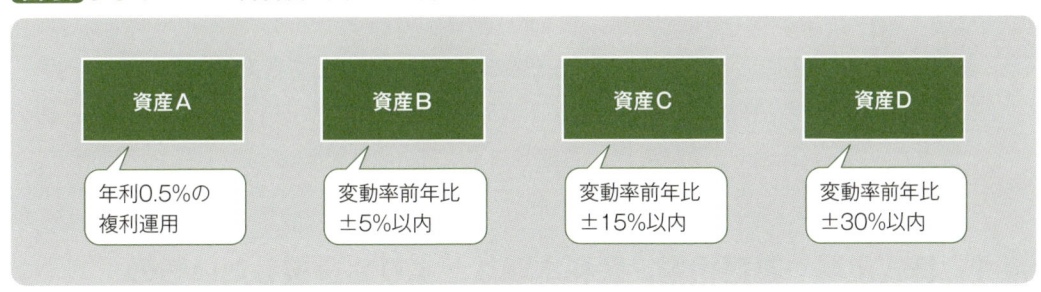

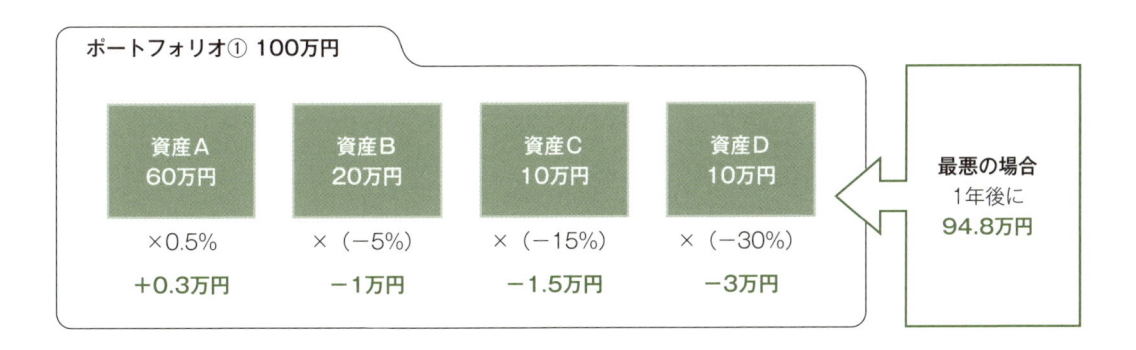

資産A	資産B	資産C	資産D
年利0.5%の複利運用	変動率前年比±5%以内	変動率前年比±15%以内	変動率前年比±30%以内

ポートフォリオ① 100万円

資産A 60万円	資産B 20万円	資産C 10万円	資産D 10万円
×0.5%	×(−5%)	×(−15%)	×(−30%)
+0.3万円	−1万円	−1.5万円	−3万円

最悪の場合　1年後に　94.8万円

ポートフォリオ② 100万円

資産A 40万円	資産B 20万円	資産C 20万円	資産D 20万円
×0.5%	×(−5%)	×(−15%)	×(−30%)
+0.2万円	−1万円	−3万円	−6万円

最悪の場合　1年後に　90.2万円

ポートフォリオ③ 100万円

資産A 20万円	資産B 20万円	資産C 30万円	資産D 30万円
×0.5%	×(−5%)	×(−15%)	×(−30%)
+0.1万円	−1万円	−4.5万円	−9万円

最悪の場合　1年後に　85.6万円

（出所）著者作成

Q3-4

「運用目的に合った金融商品を選んだほうがよい」といわれますが、どういうことでしょうか。そもそも運用目的をはっきり決められません。

> **A** 金融商品を選ぶ場面では、とかくそのときの相場環境などから「今、有利だと考える金融商品」や「近い将来の収益性が期待できる金融商品」に目を向けがちです。しかし、お客様の事情は千差万別です。お客様にはライフプランをしっかり立てていただき、属性、性格、人生における価値観などを具体的に「聴いた」上で、最適な運用方法や金融商品を選んでいただきます。

1. 株式市場や為替相場、金利水準などよりも重視したいもの

　金融商品を販売する現場では、現状の相場環境下で最も有利な金融商品を提案するケースが多いように思われます。それは、無意識のうちにいつの間にか、「高い収益が得られる運用がベストだ」という「枠」を作ってしまっているからです。

　しかし資金の用途によっては、高い収益よりも優先すべきことがある場合もあります。コンサルティングにおいては、このことを忘れてはなりません。

　お金を取り巻く環境のみならず、家族構成や生活スタイル、お客様の性格、人生観や価値観、お金に対する考え方などで支出の傾向や資産運用に期待するものが異なります。お客様の置かれている状況や個性をよく理解して、それぞれの金融商品が持つ特徴とうまくマッチングさせることを心がけましょう。

　そのために、お客様をよく知ることと、日々の業務を通じて金融商品の知識を深めておくことが不可欠です。

2.「枠」を作らずに、とことん「聴く」

　例えば、お客様が「万が一のときのための資金」とおっしゃったとします。この場合、その資金の投資先としてどのような特徴の金融商品が向いているでしょうか。

図表 3-4-1　資産運用の目的と金融商品の特性の例

資金の使い道	金融商品に求められる主な特性	主なデメリット
日常の生活費	いつでも引き出せる流動性	運用利回りはほとんどなし
数年に一度の旅行費用	償還日や据え置き期間後に、約束された金額で償還されること	市場環境より高い運用利回りは期待できない
将来定期的に取り崩す原資	収益分配金が定期的にあること	運用面の非効率もやむなし
物価上昇時の生活費補填	物価上昇に連動して資産価値が上昇すること	物価下落時には投資元本を下回ることもある

（出所）著者作成

ここでも、自分の中で勝手に「枠」を作ってしまわないように気をつけます。お客様の「万が一」とは、何を指しているかを正確に把握しなければなりません。自身が死亡した場合を指す方もいらっしゃれば、ちょっとした事故などのことまで「万が一」と表現する方もいます。また、漠然と「万が一」とおっしゃっているだけかもしれませんし、実は保険などで自身が考える「万が一」の準備がすでにできているかもしれません。

お客様自身が希望を明確に認識していないこともあります。具体的な質問で、お客様の資産運用方針や目的、資金の使い道が明確になっていきます。

3. 金融商品の良さは、運用利回りだけではない

金融商品にとって、「良い商品」とはどのようなものでしょうか。全ての人に良い商品、誰にでもぴったり合う金融商品はありません。同じ金融商品でも、タイミングによって結果が良くも悪くもなります。元本保証の確定利付商品であっても、保有期間中の金利環境の変化などと相対評価をすると他の金融商品と比較して最終的に有利になるかどうかはわかりません。

金融商品の価格や確定利付き商品の相対的価値は、コンサルタントの努力で良くすることは困難です。しかし、「金融商品を提供する際や保有中にどれだけお客様に対してフォローができるか」という点は、コンサルタントしだいで良くなります。

例えば、お客様の状況が変わった場合には、そのライフスタイルの変化で運用方針を見直す必要があるかどうか確認するよう、アドバイスをしてみましょう。金融市場の環境が変化した場合は、お客様が保有する資産の情報提供はもちろん、リバランスの提案、運用方針の確認をしましょう。例え運用の結果が芳しくなかったとしても、お客様が安心して資産運用のできる環境を提供することで、商品の価値とは別の面でのメリットを感じていただけるでしょう。

図表 3-4-2 お客様に合った金融商品

【例】

お客様:「万が一のときの資金として、有利な運用は？」

コンサルタント:「もう少し具体的に、お話をお聞かせください」

お客様に合った金融商品を提案するための「聴く」ポイント

- ☑ その資金を使うのは、いつ？誰？
- ☑ 資金はどのように支払う？
- ☑ 具体的な金額は？
- ☑ 他の準備資金、予備資金は？
- ☑ もし換金できなかったときの代替策は？
- ☑ 資金の元本が割れたら、どう感じる？
- ☑ あなたにとっての「有利」とは？

お客様自身が将来の資金の使い方をイメージしてお話しできるよう、具体的に「聴く」

（出所）著者作成

Q3-5

リタイア世代の資産運用プランにはどのような特徴がありますか。

A リタイア世代のお客様は、運用できる期間に限りがあることを考慮します。段階を追って、将来はリスクを低下させるポートフォリオに切り替えることなどを、今のうちから提案しておきましょう。また、「リタイア世代」とひとくくりにせず、個々の家計の事情を最優先して資金運用プランを考えることも大切です。

1. リタイア世代は、運用の失敗をリカバリーできる期間が短い

　リタイア世代の資産運用に対する留意点は、「リタイア世代のお客様は、若い世代に比べて、運用が目標通りにいかない場合のリカバリー期間が短い」ということです。このことから、リタイア世代のリスク許容度が若い世代のそれに比べて一段低くなるのは当然のことといえます。

　お客様の性格や家計収支の内容から、若い世代のお客様と同じ程度のリスク許容度だったとしても、リタイア世代のお客様は、年齢を考慮するとリスクへの対応力が相対的に低くなると考えてよいでしょう。

　運用が失敗した場合にリカバリーできる期間が限られているため、運用目標と現実の運用状況との間にズレが起きていないかどうか、こまめにチェックをすることが望まれます。定期的なリバランスも不可欠です。ズレに早く気がつけば、痛手も小さく済みますし、見直しも小規模で済みます。

2. リスク許容度は年齢に応じて変化する

　また、お客様には、精神的にも肉体的にも、だいたい何歳ぐらいまで資産運用のリスクを背負うことができるかの意思を確認しておくとよいと思います。一般に、人は年齢を重ねていくと、精神的にも肉体的にもリスクに立ち向かうのがむずかしくなるからです。資金的にも、いつまでも大きなリスクを背負うことはむずかしくなっていくでしょう。

　では、お客様にはどのようにして将来の資産運用を具体化していただいたらよいでしょうか。

　例えば、お客様が現在60歳だとします。まず、今と同じ程度のリスク許容度でいられるのは何歳ぐらいまでかを、ご本人に想像していただきます。仮に「75歳ぐらいまで」とご返答いただいたならば、お客様と相談しながら、まず15年間の運用目標を決めていきます。15年の間、資金を取り崩しながら運用することもあるでしょう。先に立ててあるライフプランに従って資金の取り崩しを適宜行いながら、75歳時点の目標額を達成するには、年利何%の運用が必要か、その運用を実現するための金融商品のポートフォリオはどのようなものか、そのポートフォリオで受け入れなければならないリスクは許容範囲内か、といったように、お客様にも将来のリスク許容度を具体的に思い描いていただき、ポートフォリオのリスクを段階的に下げていくよう、先の展望についてあらかじめ計画しておきます。いつまでもリスクの高い資産運用を続けていると、

急に市場環境が悪化した場合、対応が遅れたり、思わぬ損失を被ることもでてきます。

3. マネープランニングは、モデルケースでなくお客様の状況を把握する

　従来、ライフプランに基づいたマネープランニングを行う際には、多くの場合、年代でグループ分けをし、年代ごとに象徴的なライフスタイルを基準にプランを立てていました。

　例えば、20歳代はDINKSの家計を、30歳代は住宅取得を選択肢に入れた生活設計を、40歳代は子どもの教育費が中心の家計を、50歳代は夫婦の老後資金を念頭に置いた生活設計を、60歳代以降は労働による収入がなくなることを前提とした生活設計を描く、といったような基本的なパターンが主軸にありました。

　しかし昨今は、生活全般における価値観の多様化により、どの年代であっても同一世代をひとくくりにした生活設計やマネープランニングではカバーできなくなってきています。個々の世帯の事情をより反映したプランニングの必要性が高まっています。

　例えば、数年前まで声高に語られていた「高齢者の所得格差」は、近年では改善がみられているようですが、貯蓄額の多い高齢の富裕層がいる一方、高齢の生活保護世帯も増加しているという二極化があるのも現実です。

　そのため、金融資産の運用方針策定やマネープランニングは、一般論や常識の枠にとらわれず、お客様の家計の状況をよく聴き取り、1人ひとりのお客様に最適なプランニングを行う必要がより高まってきているといえます。

　お客様との運用相談の現場では、投資環境からみて有利であると考える金融商品を案内することが多いかと思われます。しかし、上記の理由から、まずはお客様の家計の状況と照らし合わせ、リスク許容度の観点からその運用が本当にそのお客様にとってベストなのかを考えてみましょう。これはリタイア世代に限らず、どのお客様に対しても同様です。

図表 3-5-1　一般に、年齢を重ねるとリスクへの対応力が低下する

【例】

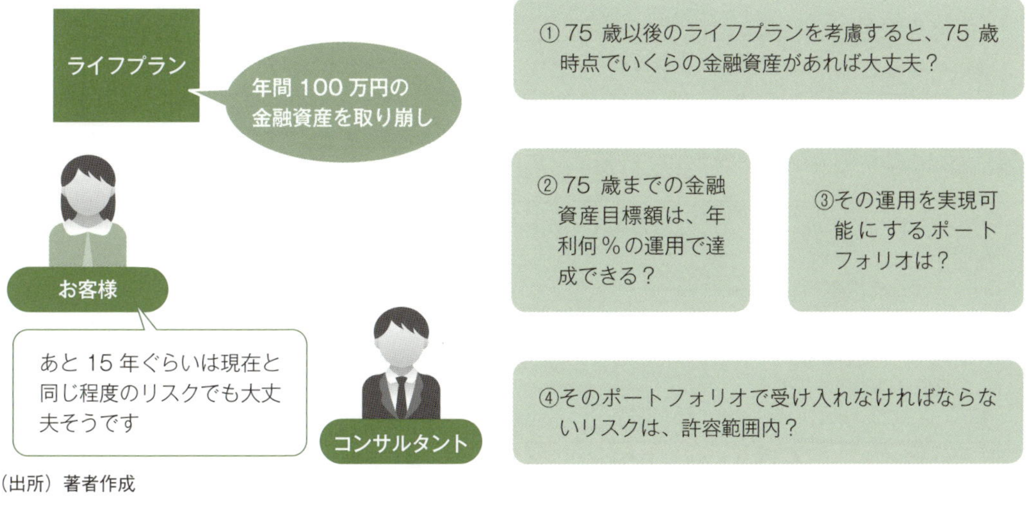

ライフプラン　← 年間100万円の金融資産を取り崩し

お客様：あと15年ぐらいは現在と同じ程度のリスクでも大丈夫そうです

コンサルタント：
① 75歳以後のライフプランを考慮すると、75歳時点でいくらの金融資産があれば大丈夫？
② 75歳までの金融資産目標額は、年利何％の運用で達成できる？
③ その運用を実現可能にするポートフォリオは？
④ そのポートフォリオで受け入れなければならないリスクは、許容範囲内？

（出所）著者作成

Q3-6

健康で長生きする場合を想定したマネープランニングは、どのように考えたらよいでしょうか。

> **A** 「エンディング・ノート」で、今後やりたいことを整理、資金計画を明確にすることができます。これを元にライフプランを立て、生涯の資金計画を大まかに把握することができます。運用資産の期待収益率、取り崩しなども考慮に入れましょう。

1.「エンディング・ノート」は健康で長生きする場合のマネープランにも有効

　リタイア世代のマネープランとは、一見、健康や介護などに対する不安感から、保険契約や預貯金など資金面での備えを行うことと思われがちです。しかし健康で長生きをした場合も「長生きリスク」などといわれるように、費用が高額になるので備えが必要です。

　元気で外出も自由にできるなら、交際費をはじめとした支出が増えますし、身なりを整えるための費用もかかります。健康で何でも口にできれば、食費もかかることでしょう。

　そこで、健康で長生きした場合の資金計画に役立つのが、「エンディング・ノート」のこれからの予定ややりたいことを書き出す欄です。

　「いつ？」「内容」「予算」を具体的に考え、記入していくことも立派なマネープランニングです。リストアップした使い道に適した金融商品を選んでいただきましょう。「いつ」までの期間、それぞれの「内容」のために「予算」の額を運用する、というプランニングです。

図表 3-6-1　これからの予定ややりたいことのリストアップの例

＊＊＊これからの予定ややりたいことを書き出してみましょう＊＊＊

いつ？	内容	予算
（例）1年後	お遍路ツアー	10万円〜20万円
1年後	ハーレーダビッドソンバイク購入	230万円
3年後	結婚40周年記念海外旅行	100万円
5年後から10年ごと	自宅の補修・リフォーム	150万円／回

「X年後」「20XX年」「平成XX年」の表現は、お客様ご自身がわかりやすいものを使えばよいでしょう

予算を調べたり計画を詰めたりして、予算額を記入します

（出所）NPO法人ら・し・さ「家族も安心「自分」の引継ぎノート」（一般社団法人金融財政事情研究会、2011年）より転載し著者作成

2.「エンディング・ノート」の
　メモを発展させてマネープランニングに活用

　お客様には、「これからの予定ややりたいこと」のほかに、基本の生活費や毎年必ずかかる固定支出もリストアップしていただきます。特別支出として、想定外の出来事への支出、子どもや孫のために支出する資金、親戚関係の冠婚葬祭費用、定期的なリフォームや自動車の買い替えなどが一般的です。残りは余裕資金となり、これでざっくりとしたマネープランができあがります。

　余裕資金を大まかに把握できたら、リスク許容度に応じて余裕資金の運用目標についての相談に入ることができます。

　このように、「エンディング・ノート」は、家族に残しておくメモ書きとしてだけでなく、お客様自身がライフプランを明確にし、資産運用のプランニングの基礎として活用することもできます。保有資産や今後の収支が明確になり、どの程度の資産運用ができるかの全体像が大まかに把握できるからです。さらに詳細を詰めれば、より内容の充実したマネープランとなります。環境やお客様の状況変化に応じて、定期的にこのプランを見直していただきましょう。

　「老後の病気や介護のための備え」だけがリタイア世代の資金用途ではありません。病気や介護への備えはもちろん重要ですが、「日常」も同じように重要です。日々、心豊かに生活をするためにはどのような趣味を持ち、どのような交流関係で、何にお金を使うのかに想いを馳せるためにも、「エンディング・ノート」は役立ちます。

3. 期待収益率はどのように見積もるか

　マネープランニングの中で頭を悩ませるのは、金融資産等の期待収益率をどのように見積もるかという点です。考え方はいろいろありますが、お客様が納得できる期待収益率を用いることが一番大切です。

　考え方の1つとして、「個々の金融商品の足元の運用利回り（利益率）を参照して見積もる」という方法があります。現状が低金利の環境下であれば将来分はやや高めに見積もり、高金利であれば将来はやや低めに見積もっておきましょう。運用利回りは将来変化するという割り切りも必要です。環境が変わればその都度見直すようにしましょう。

　このときに留意したいのは、将来の期待収益率を正確に予測することが目的なのではなく、あくまでも運用資産がどのように推移するかの目安を知ることが目的だということです。毎年定額を取り崩しながら生活するライフプランのお客様もいらっしゃるでしょう。またライフイベントに応じて運用資産をまとめて換金する時期が訪れる方もいらっしゃるでしょう。その資金計画に、期待収益率を考慮しようということです。

　プランニングの時点で、ある年齢に達すると金融資産が底を突く、というシミュレーションになることは多々あります。その場合は計画の見直しをしなければなりません。収入を増やす、支出を減らす、期待収益率を高めるなどが主な対策になりますが、期待収益率を高くしてしまうと、その分リスクも高くなることは忘れてはいけません。

Q3-7

リタイア後のライフプランを立ててみたところ、金融資産を取り崩して生活費に充てる必要がありそうです。資産の取り崩しはどのように計算すればよいでしょうか。

> **A** リタイア世代には、それまで積み上げてきた運用資産を徐々に取り崩しながら生活することを考慮したマネープランが求められます。定期的に資金を取り崩す場合、「資本回収係数」や「年金現価係数」を使って簡単に計算することができます。

1. リタイア世代のマネープランは、運用資産を取り崩すことを考慮する

　リタイア世代の世帯の多くは、収入より支出の方が多く年間収支が赤字になる、という家計です。そのため、リタイア世代のマネープランニングでは、運用資産を取り崩すことを考慮しなければならないことがほとんどです。その際、知っていると計算が便利な係数が2種類あります。「資本回収係数」と「年金現価係数」です。

2. 定期的に運用資金を取り崩す……毎年いくら取り崩すことができるか

　お客様がある年齢時に保有している金融資産について、複利運用しながら希望する年数の間、定期的に資産を取り崩していく場合を考えてみます。

　複利運用をする利率、保有する資産額、取り崩す年数が決まっているとき、毎年いくらずつ均

図表 3-7-1　資本回収係数

n年 \ r%	0.03%	0.05%	0.10%	0.50%	1.00%	1.50%	3.00%	5.00%
1	1.00030	1.00050	1.00100	1.00500	1.01000	1.01500	1.03000	1.05000
2	0.50023	0.50038	0.50075	0.50375	0.50751	0.51128	0.52261	0.53780
3	0.33353	0.33367	0.33400	0.33667	0.34002	0.34338	0.35353	0.36721
5	0.20018	0.20030	0.20060	0.20301	0.20604	0.20909	0.21835	0.23097
7	0.14303	0.14314	0.14343	0.14573	0.14863	0.15156	0.16051	0.17282
10	0.10017	0.10028	0.10055	0.10277	0.10558	0.10843	0.11723	0.12950
15	0.06683	0.06693	0.06720	0.06936	0.07212	0.07494	0.08377	0.09634
20	0.05016	0.05026	0.05053	0.05267	0.05542	0.05825	0.06722	0.08024
25	0.04016	0.04026	0.04052	0.04265	0.04541	0.04826	0.05743	0.07095
30	0.03349	0.03359	0.03385	0.03598	0.03875	0.04164	0.05102	0.06505

（出所）著者作成

等に取り崩せばよいかを簡単に計算するには、「資本回収係数」を使います。

例えば、1,000万円を、年利0.10％で複利運用しながら期間10年にわたって取り崩した場合を考えてみましょう。年利0.10％、期間10年の資本回収係数は、0.10055となっています。運用資金にこの係数を掛ければ毎年いくらずつ取り崩せるかが計算できます。

1,000万円×0.10055＝100万5,500円……毎年の取り崩し可能額

3. 定期的に運用資金を取り崩す
……元金がいくらなら希望額を取り崩すことができるか

次は、複利運用する金融資産について、希望する年数の間、定期的に希望する金額を取り崩していこうとするとき、あらかじめいくらの元金を持っていればよいかを考えてみます。

複利運用をする利率、取り崩す年数、毎年均等に取り崩す額が決まっているとき、あらかじめいくらの元金があればよいかを簡単に計算するには、「年金現価係数」を使います。

例えば、年利0.10％の複利運用をしながら、期間10年にわたって100万円ずつ取り崩したいと考えたとします。年利0.10％、期間10年の年金現価係数は、9.9452となっています。毎年均等に取り崩したい金額にこの係数を掛ければ、元金がいくらあればよいかが計算できます。

100万円×9.9452＝994万5,200円……希望どおりに資産を取り崩すための元金

前述のとおり、リタイア世代のライフプランでは、「運用資産を取り崩しながら生活を送る」という要素を盛り込む場合が出てきます。「資本回収係数」と「年金現価係数」を用いて簡単な計算ができれば、運用の期待収益率をどの程度の水準に設定してマネープランニングをすればよいかが明確になります。

図表3-7-2　年金現価係数

n年＼r％	0.03％	0.05％	0.10％	0.50％	1.00％	1.50％	3.00％	5.00％
1	0.9997	0.9995	0.9990	0.9950	0.9901	0.9852	0.9709	0.9524
2	1.9991	1.9985	1.9970	1.9851	1.9704	1.9559	1.9135	1.8594
3	2.9982	2.9970	2.9940	2.9702	2.9410	2.9122	2.8286	2.7232
5	4.9955	4.9925	4.9850	4.9259	4.8534	4.7826	4.5797	4.3295
7	6.9916	6.9860	6.9721	6.8621	6.7282	6.5982	6.2303	5.7864
10	9.9835	9.9726	9.9452	9.7304	9.4713	9.2222	8.5302	7.7217
15	14.9641	14.9402	14.8807	14.4166	13.8651	13.3432	11.9379	10.3797
20	19.9371	19.8954	19.7915	18.9874	18.0456	17.1686	14.8775	12.4622
25	24.9028	24.8382	24.6779	23.4456	22.0232	20.7196	17.4131	14.0939
30	29.8609	29.7687	29.5399	27.7941	25.8077	24.0158	19.6004	15.3725

（出所）著者作成

Q3-8

リタイア世代が投資性のある金融商品で資産運用を行う場合の注意点などを教えてください。また、退職金を投資に回すのは危険でしょうか。

> **A** リタイア世代でもリスク許容度を考慮した上で、お客様の希望であれば、投資性のある運用を取り入れてもよいでしょう。注意点としては、お客様自身がしっかりとした運用方針を持つことなど、いくつかのことが挙げられます。退職金については、投資に回す前に、ライフプランをきちんと立てることが先決です。

1. 身の丈に合ったリスクの程度ならチャレンジも可、ただし退職金の投資はよく考えてから

　一般に、リタイア世代はリカバリーの年数が短く、年々リスク許容度が低くなることは前述したとおりです。

　しかし、リタイア世代でも、ある程度のリスクを許容できるという方はいらっしゃいます。例えば、余裕資金がある、自身の性格や属性を考慮して適度なリスク運用ができる、資産運用に対する興味・関心が高く情報収集の環境も整っている、というような方です。リスクを受け入れられるお客様は、ご希望であれば投資性のある金融商品や投資物件に挑戦するのもよいでしょう。

　なお、退職金を受け取った直後のお客様の多くは、それまで手にしなかったような金額を初めて目にします。気が大きくなり、身の丈以上のリスクを背負う取引に魅せられてしまう方も少なくありませんが、しっかりとしたライフプランを立てることが先決なのはいうまでもありません。

　ここで退職金の運用について補足しておきますが、退職金を一時金で受け取ったからといって、預け先や運用先に一度に振り分ける必要はありません。時間分散でリスクを抑えることができるのは、前述したとおりです。例えば、流動性の高い預貯金やＭＭＦ、短期間の定期預金などに預けておき、じっくりと退職後のライフプランを設計しながら、数年かけて資金の預け先・運用先に切り替えていく。このぐらいゆっくり、じっくり構えてもよいのではないでしょうか。

2. 投資性のある金融商品で運用をする場合の注意点

　では、リタイア世代のお客様が資産を投資性のある金融商品で運用する場合、どのような点に注意すればよいでしょうか。

　以下、重要だと思われる注意点を 図表 3-8-1 に挙げてみます。どのような世代にもいえることですが、リタイア世代のお客様にとっては、より意識をしていただきたい注意点です。

　当たり前のように感じられるかもしれませんが、投資に夢中になりすぎるとつい忘れがちです。これらを意識するようにしていただきましょう。

3. コンサルタントとしての注意点

　金融機関のコンサルタントとしても、担当するお客様とのトラブルは避けたいものです。それ以前に、お客様には資産運用の最善策を選んでいただき、ベストな結果を得てもらいたいと願っていることと思います。そのためにも、お客様には、投資性のある金融商品をマネープランに取り入れる場合には、適切に利用していただくようにしましょう。

　お客様への説明は、マニュアルを読み上げるような説明ではなく、お客様が理解できるような言葉も併用しながら説明することが肝要です。また、リタイア世代のお客様に対しては、ゆっくり、はっきりとした口調で説明することをより意識すべきです。ご案内する金融商品のリスクについては、その内容と程度を正確に伝えることはもちろん、お客様が正しく理解できているかどうかを、必ず確認します。

　メリットだけでデメリットが全くない金融商品は存在しません。デメリットについても、お客様が正しく理解をし、それ以上のメリットがあることを理解できれば、お客様は納得した投資ができることでしょう。

　また、リタイア世代のお客様によくあることとして、年齢とともに、お客様本人の判断力が低下していくことも考えられます。コンサルタントは、日頃の会話の中で、お客様の判断能力が維持されているかどうかについても注意を払う必要があります。判断力が低下していると感じられる場合は、上司に相談をし、社内ルールに従います。

図表 3-8-1　投資性のある金融商品で資産を運用する場合の注意点

お客様ご自身について ①しっかりとした投資方針を持つこと ②運用の目標を掲げること ③投資のルールを決めておくこと ④身の丈に合ったリスクの度合いを理解しておくこと **取引について** ①当てにいく、という発想はリスクの高い取引だということを理解しておくこと ②価格が安い、ということは市場（多くの投資家）がそれを魅力が薄いと判断していることと同義であることを理解しておくこと ③買ったときの前提がなくなったら、売却を検討すること ④元本割れしたときのロスカット・ルールを決めておくこと **その他全般** ①常に運用のための知識や情報収集、経験による知恵を意識すること ②投資は余裕資金の範囲内で趣味として楽しむ程度にし、投資用の資金を例えばレジャー資金などと同じ、と考えるようにすること ③リスクの内容を理解し、リスクへの対処方法を理解し、適切な対処を行うこと

（出所）著者作成

Q3-9

資産運用は自己責任で行うべき、といわれますが、何に、どのような注意を払って自己判断を行えばよいのでしょうか。

> **A** 資産運用における自己責任とは、まずはお客様が自分のことをよく知ることです。そして自分にとって必要なものを判断し、金融商品の選択眼を持つことです。また、自分で金融商品について判断できるための材料をお客さまに対して提示することも不可欠です。

1. 自己責任とはどういうことか

「自己責任」という言葉は、「投資の結果、損失を被った場合、その損失額を受け入れること」という意味に使われがちですが、その前にもっと大事なことがあります。

お客様自身が、まず、自分をよく知ることです。自分のお金まわりがどのような状況なのか、これからどうなりそうなのか、ということをできるだけ正確に把握していただくことが大切です。

次に、自身にとって本当に必要なものは何かをお客様が理解することです。そして金融商品の選択眼を持っていただくことです。

金融商品の選択眼とは、基本的な金融の知識を持っていることと、個々の金融商品の特徴を理解できることです。特に、どのような場合に収益性が高まり、どのような場合に損失を発生させるのかを知ることは重要です。また、どのような経済現象のときに金融商品が価格変動などの影響を受けるのかも、知っておく必要があります。

さらに、「お客様自身と金融商品の相性」を考えることも必要です。つまり、運用に関するコストを知り、そのコストがお客様の運用目標に照らし合わせて妥当なコストなのか、税金はどのような仕組みでどうやって納税するのか、どうしたら税金が軽減できるのか、などを具体的に考えることです。

コンサルタントがお客様と金融商品の相性を見極めるためには、お客様にきちんと向き合い、お客様をよく知らなければなりません。「お客様自身が、きちんと商品説明を受けて自身で理解しようとする姿勢を持っているか」を観察します。「よくわからないから、あなたのお勧めするその商品でよい」というような態度のお客様は、決してその金融商品との相性がよいとはいえません。このような態度のお客様は、コンサルタントにとっては「よいお客様」と考えがちですが、長いお付き合いの中で、いつかトラブルが起こります。

お客様がリスクについてしっかりと説明を受ける姿勢でいること、金融商品の持つデメリットを受け入れ、それ以上のメリットがあるので利用するという冷静な判断ができていること、これが投資者の望ましい姿だと思います。

2. 過去の運用実績は参考に過ぎない

過去の実績は、あくまでもこれまでの結果であり、今後の利回りや運用実績が保証されている

ものではありません。このことは、お客様も理解されていることと思います。

しかし、「過去がこうだったから今後もこうなる」と思いがちなのが人間です。お客様に限らず、コンサルタント自身もそう思い込みがちですが、そうではありません。過去の実績は過去の経済環境下で起こったことで、今後、全く同じ条件が整うとは限りませんし、同じ環境だったとしても過去と全く同じ利回りや実績にはならないということを理解しておきましょう。

とはいえ、過去の実績が全く参考にならないわけでもありません。その金融商品がどのようなときにどういった値動きをするのかなどの参考にはなります。過去の実績とは「つかず離れず」の距離感で、上手な活用をすることが望ましいのではないでしょうか。

3. ディスクローズの重要性

自己責任の原則が成り立つためには、そもそも正しい情報が正しく投資家に届けられていなければなりません。金融商品の発行体や運用会社が発行するディスクロージャー資料は最低限必要ですし、相場の急落時などに、投資家向けに説明が行われるようなフォロー体制は、もはや昨今の情報化時代には当たり前になりつつあります。投資家が知りたい情報を知りたいときに発信する、投資家のかゆい所に手が届くフォロー体制が整っているかどうかが、投資対象として重要な判断基準になるのではないでしょうか。

お客様には、ディスクロージャー資料の入手方法や、どの資料がどのような役割を果たしているかを正しく説明します。資料のうち、特に重要なポイントや読み方についても、お客様の理解度に応じて適切にアドバイスをすることは当然のことといえます。

4. 販売会社の立場では

フォロー体制という点では、金融商品の発行体や運用会社のみならず、銀行などの金融機関が販売会社としてできることも十分にあります。お客様が金融商品の特徴を正しく理解できるために、何ができるでしょうか。「重要事項に関する説明」に書かれている文言を読めばよい、というものではありません。形だけ説明義務を果たしても、お客様が本当に理解できていなければ、説明したことにはなりません。わかりやすい説明を行ってもお客様が理解できないとすれば、そのお客様はその金融商品を利用するには時期尚早ということでしょう。

最近のお客様の多くは、金融商品にリスクがあることや元本保証に限界があることなどをよくご存じです。リスクとリターンを天秤にかけて金融商品を選ぶということも理解できている方がほとんどです。

しかし、具体的に、どういった市場環境のときに、保有する金融商品にどのような影響があるのか、影響はどの程度なのかなどについては、判断がつきにくいというのが一般のお客様です。販売会社やコンサルタントのみなさまにはその理解の助けになる情報提供や金融教育の提供、定期的なフォローなどが期待されます。

Q3-10

金融資産を保有したり資産運用をしたりする際には、金融・経済情報に耳を傾ける必要があると思いますが、どのように情報収集をすればよいでしょうか。

> **A** 今は、むしろあふれんばかりの情報をどのように取捨選択したらよいかが重要になっています。正しい金融知識を身につけ、応用力を備えてこそ、刻々と変化する経済環境に対応できるというものです。情報を活用するスキルについて、以下でお伝えしましょう。

1. 情報収集だけでなく、情報をいかに活用するかが重要

　昨今では、データの送受信や情報処理能力の向上、情報受信端末の高度化で、誰でもスピーディに情報収集ができます。個人投資家でも金融のプロでも、「情報収集」に関しては大差がないといってもよいかもしれません。

　ただ「情報収集」の環境は同じレベルでも、「情報を活用するスキル」については格差があり、ある意味投資家同士の駆け引きともいえる金融取引に参加するためには、ある程度の情報活用スキルを身につけておく必要があります。

　金融・経済の基礎知識を身につけ、体験による知恵を併せ持ち、市場環境に応じた投資判断を下すことができることこそ、情報の活用といえるでしょう。

2. 情報には2つのタイプがあることを理解する

　情報には、大きく分けて2つのタイプがあります。1つは事象そのものや統計の結果などである「元の情報」で、もう1つはそれを分析・解説する「発信者の意見」です。「元の情報」を入手し、図表3-10-1のような情報を活用するスキルを使って自分なりに咀嚼できることが望ましいのですが、経済や金融に精通していないお客様には困難なことだろうと思います。だからといって、「発信者の意見」を鵜呑みにしてしまうのも危険です。専門家のマーケット予測などを

図表3-10-1　「情報を活用するスキル」とは

①世の中で起こっている事象から、自分にとって必要な情報を選別する
②それが有益な情報か否かを判断する
③データや情報の意味を理解する
④それが自分の資産や収支等に影響をもたらす情報か否かを判断する
⑤その情報から、今後起こりうる事態を予測する
⑥その予測を踏まえて行動する

(出所) 著者作成

見聞きした場合には、そのレポートはどのような前提のもとで書かれているのかをしっかりと理解して利用したいものです。

自己責任時代の資産運用やマネープランニングにおいては、自分の意見を持てなければ刻々と変化する経済・金融環境で臨機応変に対応することができません。だからといって、一個人投資家であるお客様が、経済統計などを丁寧に分析するほどの時間と手間をかけることはナンセンスです。

では、どのように情報を取り扱ったらよいでしょうか。
・ある報道を見聞きしたとき、自分にどのような影響があるかを考える
・ある統計データが公表されたとき、時系列で、または適切な対象と、比較をする

お客様が自身の資産運用のために情報を読み解く力を養うためには、このような点を意識することをお勧めしてみてはいかがでしょうか。これを継続していれば、徐々に情報を活用するスキルが身についていくことと思います。多くの情報に触れて、お客様自身が自分なりによく考える、という行為を繰り返していくことで、判断力が養われていきます。

情報処理能力に長け、判断力があるお客様は、自立したマネープランの立案や資産運用ができることと思います。

3. 金融・経済情報を収集するためのお役立ちサイト

最後に、お客様自身が情報収集される際に役立つと思われるWEBサイトをご紹介しておきます。

図表 3-10-2　金融・経済情報お役立ちサイト（平成26年10月現在）

知るぽると（金融広報中央委員会）	http://www.shiruporuto.jp/
日本銀行	http://www.boj.or.jp/
金融庁	http://www.fsa.go.jp/
政府統計の総合窓口 （独立行政法人統計センター）	http://www.e-stat.go.jp/SG1/estat/eStatTopPortal.do
一般社団法人　全国銀行協会	http://www.zenginkyo.or.jp/
日本証券業協会　＞学ぶ	http://www.jsda.or.jp/manabu/index.html
日本経済新聞	http://www.nikkei.com/
CNN（日本語サイト）	http://www.cnn.co.jp/
REUTERS（日本語サイト）	http://jp.reuters.com/
Bloomberg.co.jp（日本語サイト）	http://www.bloomberg.co.jp/
Fanet MoneyLife	http://money.fanet.biz/
MORNINGSTAR 投信情報サイト	http://www.morningstar.co.jp/

（出所）著者作成

第4章 高齢期の医療・介護と保険

柳澤美由紀

Q4-1

病気で入院すると、医療費はどのくらいかかりますか。

A 病気の種類や進行度、治療方法等によって医療費は異なります。ただし、保険診療の医療費は高額療養費制度が使えますので、これを利用すると、70歳以上の場合、1カ月の医療費の上限（保険診療分）は一般の人で4万4,400円、現役並みの所得の人でも8万円強になります。

1. 医療費のしくみ

　医療費は病気の種類や進行度、治療方法等により金額が異なります。例えば、胃がんのステージⅠ期で内視鏡的粘膜切除手術を行うと約76万円かかりますが、ステージⅣ期で抗がん剤治療（TS-1+CDDP）を受けると約276万円になります（がん治療費.comより）。

　しかし、保険診療であれば高額療養費制度が使えます。その月に払った医療費（保険診療分）が所定の金額を超えた場合、超過分が補てんされる仕組みです（図表4-1-1）。

　先の2例はともに保険診療です。70歳以上の一般の人が抗がん剤治療（TS-1+CDDP）を1年間受けた場合、実際には276万円ほど医療費がかかります。しかし高額療養費制度を利用すると、

図表 4-1-1　高額療養費制度の自己負担限度額

〈70歳以上〉

所得区分		外来 （個人ごと）	1カ月の負担の上限額
現役並み所得者 （窓口負担3割の方）		44,400円	80,100円＋（医療費－267,000円）×1％ （多数該当の場合、44,400円）(※)
一般		12,000円	44,400円
低所得者 （住民税非課税の方）	Ⅱ（Ⅰ以外の方）	8,000円	24,600円
	Ⅰ（年金収入のみの方の場合、年金受給額80万円以下など、総所得金額がゼロの方）		15,000円

〈70歳未満〉

所得区分	1カ月の負担の上限額
年収約1,160万円以上 健保：標準報酬月額83万円以上　国保：旧ただし書き所得901万円超	252,600円＋（医療費－842,000円）×1％ 〈4カ月目〜：140,100円〉
年収約770〜約1,160万円 健保：標準報酬月額53万〜79万円　国保：旧ただし書き所得600万〜901万円	167,400円＋（医療費－558,000円）×1％ 〈4カ月目〜：93,000円〉
年収約370〜770万円 健保：標準報酬月額28万〜50万円　国保：旧ただし書き所得210万〜600万円	80,100円＋（医療費－267,000円）×1％ 〈4カ月目〜：44,000円〉
年収約370万円以下 健保：標準報酬月額26万円以下　国保：旧ただし書き所得210万円以下	57,600円〈4カ月目〜：44,000円〉
低所得者（住民税非課税）	35,400円〈4カ月目〜：24,600円〉

（出所）厚生労働省パンフレット「70歳未満の方で高額な医療費をご負担になる皆さまへ」

患者負担は53万2,800円（＝月4万4,400円×12カ月）になります。

2. 70歳未満の場合は入院前に「限度額適用認定証」の申請を

高額療養費制度は70歳以上なら自動的に適用されるので問題ありませんが、70歳未満の場合は事前に手続きをしないと、病院に支払う医療費は3割負担となります。入院前に「限度額適用認定証」を入手し、病院に提示することによって、1医療機関ごとの入院費用の窓口負担額が、自己負担限度額までで済みます。申請先は入院時に加入している公的医療保険です。

限度額適用認定証を使わずに医療費を払った場合でも、後で高額療養費制度の申請をすれば超過分の還付を受けることができます。還付金が振り込まれるまでに3カ月程度かかります。

3. 月をまたぐ入院は要注意

高額療養費の自己負担限度額は入院月ごとの設定になっています。

例えば、「1月1日から1月20日までの20日間入院して100万円の医療費がかかった」場合の持出しは4万4,400円（70歳以上の一般所得）です。しかし、同条件で「1月22日から2月10日までの20日間入院し、1月に50万円、2月に50万円の医療費がかかった」場合の持出しは2倍の8万8,800円になります。つまり、入院する場合は、月をまたがないで済むような日程を組むのが医療費負担を抑えるコツです。

4. 高額療養費制度が使えない医療費とは

高額療養費制度は保険診療に該当しない医療費には使えません。保険診療にならない医療費には、食事療養費の患者負担金（1食260円）、差額ベッド代（個室料など）、先進医療に係る費用、自由診療の費用などがあります。これらの費用は全額患者負担になります。

図表 4-1-2　入院にかかる医療費

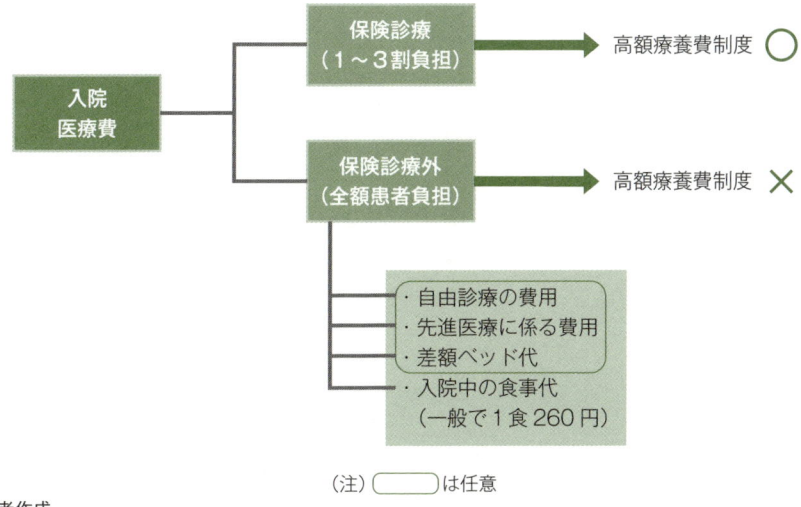

```
                ┌─ 保険診療          ──→ 高額療養費制度 ○
                │  （1〜3割負担）
入院
医療費 ─────────┤
                │                      ──→ 高額療養費制度 ×
                └─ 保険診療外
                   （全額患者負担）
                        ├・自由診療の費用
                        ├・先進医療に係る費用
                        ├・差額ベッド代
                        └・入院中の食事代
                          （一般で1食260円）
```

（注）⬚は任意

（出所）著者作成

Q4-2

高齢期の医療費に備えるために、今できることは何ですか。

A 現在加入している医療保障のチェックです。どれだけの医療保障が何歳まで続くのか、保険料の払込みは何歳まで続くのかを確認します。就労収入と違い、年金は入院により減少することはありません。高額な医療保障は必要ないので、年金生活でも無理なく保険をかけ続けられるように今から医療保障をリフォームしておくとよいでしょう。

1. 高齢期の医療保障は「細く、長く」が基本

　公的年金を収入の柱とする家計の場合、元気で暮らしているときも病気で入院しているときも収入は変わりません。入院により働けないことによる収入の減少と医療費の支払いのダブルパンチを受ける現役時代に比べると、家計に与える影響は軽減しています。

　ただ、入院する確率は年齢を重ねるにつれて高くなります（**図表**4-2-2）。長生きすればするほど入・退院を繰り返したり、入院期間が長引きやすくなったりするので、保険に入っていないと肩身が狭いというご老人もいらっしゃいます。現役時代ほど手厚く備える必要はありませんが、病院に払う医療費（高額療養費の自己負担分＋入院中の食事療養費1食260円×入院日数分）を補える程度の医療保障を備えておけば、家族に気兼ねすることなく、治療に専念することがで

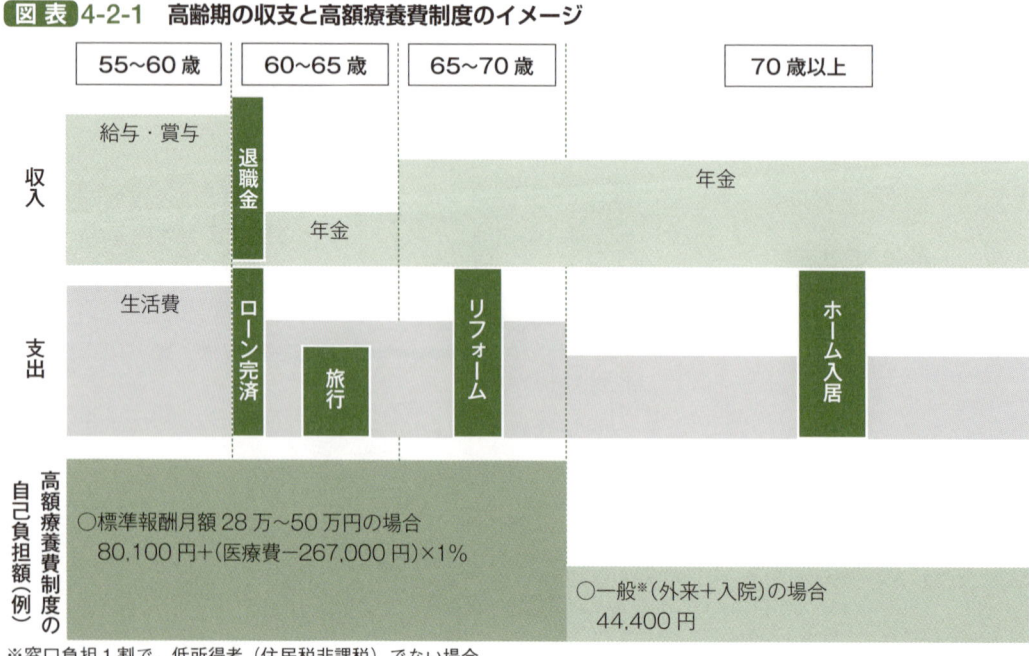

図表 4-2-1　高齢期の収支と高額療養費制度のイメージ

	55～60歳	60～65歳	65～70歳	70歳以上
収入	給与・賞与	退職金 / 年金	年金	年金
支出	生活費	ローン完済 / 旅行	リフォーム	ホーム入居
高額療養費制度の自己負担額（例）	○標準報酬月額28万～50万円の場合 80,100円＋（医療費－267,000円）×1％			○一般※（外来＋入院）の場合 44,400円

※窓口負担1割で、低所得者（住民税非課税）でない場合
（出所）著者作成

きるでしょう。

　高齢期の医療保障は「細く（少額で）、長く（終身保障）」が基本です。働いている間に保険料を払い終えておくのが理想ですが、終身払いを利用する場合は「今、払える」ではなく「年金生活になっても無理なく払える」ものを提案しましょう。

図表 4-2-2　年齢階級別受療率（入院）

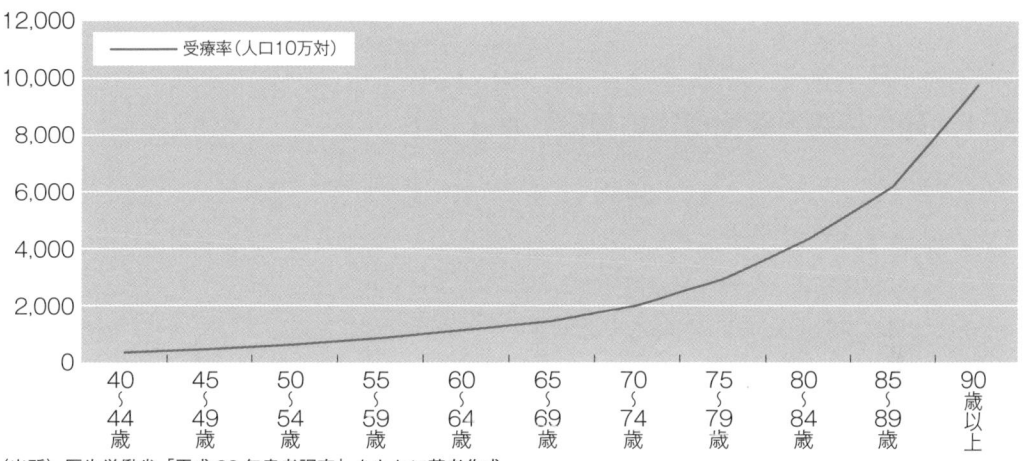

年齢	受療率（人口10万対）
40〜44歳	約400
45〜49歳	約600
50〜54歳	約900
55〜59歳	約1,200
60〜64歳	約1,500
65〜69歳	約2,000
70〜74歳	約3,000
75〜79歳	約4,200
80〜84歳	約6,000
85〜89歳	約7,500
90歳以上	約9,700

（出所）厚生労働省「平成23年患者調査」をもとに著者作成

2. 既存の医療保険・入院特約に過不足はないかチェックする

　定年退職を目前に控えている50歳代の場合、すでに保険に入っていることが多いので、その内容を確認することから始めます。保険はしくみが複雑なため、保障内容や保険期間等を勘違いしている人が多いようです。例えばこんなこと（**図表 4-2-3**）があります。

図表 4-2-3　保険の内容を勘違いしている事例

- 65歳まで保険料を払えば終身の医療保障を得られると思っていたら、「入院特約を80歳まで継続するなら、追加で約200万円払ってください」といわれた。仕方なく払ったが、老後の計画が狂ってしまった（大手生保の定期付き終身保険に加入）。
- 入院すれば必ず給付金をもらえると思っていたら、5日未満の入院なので支払えないといわれた（5日以上5日目から入院給付金を支払う入院特約に加入）。
- 日額5,000円の入院給付が付いている共済に加入していた。66歳のときに入院したので共済金を請求したら給付額が半額に。65歳で商品が切り替わっていたようだ。

（出所）著者相談事例より抜粋

　高齢になって勘違いに気づいた場合、健康状態や年齢条件などによって保険の見直しができないことがあります。医療保障の内容をお客様から口頭で確認するのではなく、保険証券を見せていただき、内容を正確に把握した上で見直しプランを提案しましょう。

Q4-3

生命保険を見直す際のポイントを教えてください。

A 子どもが社会人になったら、高額な死亡保障は必要ありません。これまでとは視点を変えて、相続対策として活用するか否かを検討してください。保険料の払込みがリタイア後も続く場合は退職金などを活用して全期前納（または一括払い）するか、年金暮らしになっても無理なく払える保険料（収入の5％以下）に抑えておきましょう。

1. 死亡保障と医療保障の見直しポイント

　生命保険で備えておくべき死亡保障額（必要保障額）は、末子が生まれたときをピークに少しずつ減少します。すでに子どもが社会人になっているにもかかわらず、何千万円もの死亡保険金が支払われる保険に入っている場合は見直したほうがよいでしょう。

　ただ、安易に解約・減額をしてはなりません。いったん保障を減らしてしまうと、前の状態に戻すことはできないからです。加入している生命保険が「終身保険」であれば、相続対策として活用することも可能です。相続対策の必要がないかを検討した上で、必要なしと判断した場合にのみ死亡保障を減額・解約しましょう。

　医療保障は65歳と70歳が保障を減らすポイントになります。65歳は公的年金が本格的にスタートする年齢です。年金額は健康状態にかかわらず一定ですので、入院によって収入が減少することはありません。収入補填分相当を減額しましょう。70歳は高額療養費制度（**Q4-1**）の自己負担額が軽減するタイミングです。入院が家計に与える影響はさらに小さくなります。入院給付金日額は3,000〜5,000円程度あれば十分です。

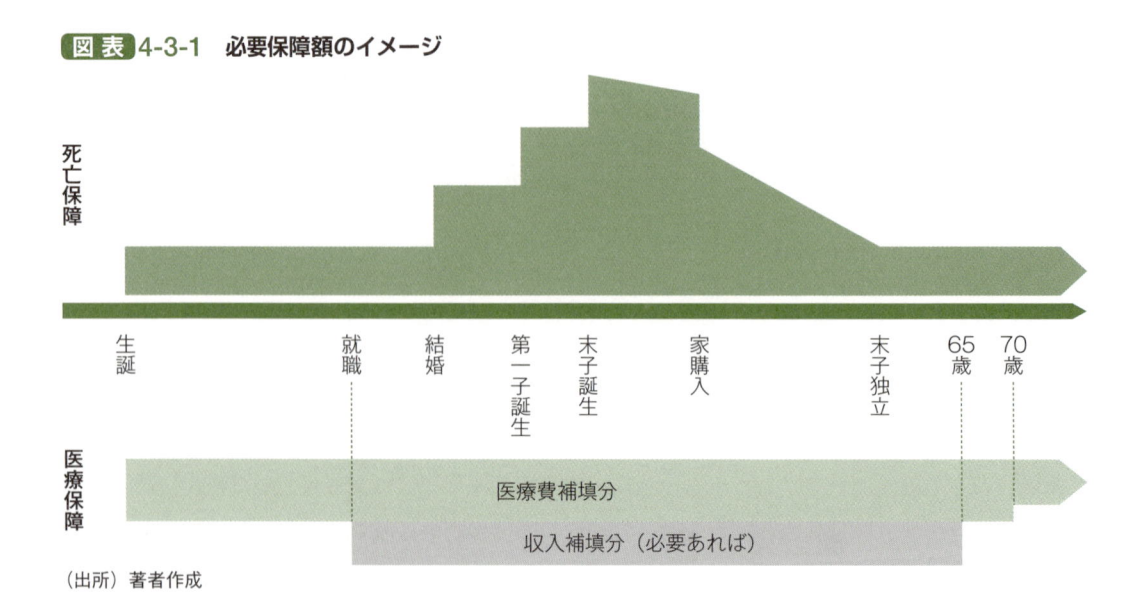

図表 4-3-1　必要保障額のイメージ

（出所）著者作成

2. 生命保険による相続対策が必要なケースとは

　相続対策における生命保険の活用といえば、納税資金の確保や生命保険金の非課税限度額を活用した財産評価の引下げを目的に利用するのが一般的です。ゆえに「財産が少ないから相続対策は必要ない」と、思い込んでいる人は多いようです。

　しかし、遺産分割トラブルは一般の家庭にも起こります。平成25年度の司法統計年報（家事事件編）によると、遺産分割でもめて家庭裁判所に調停・審判を受けるケースのうち、75％が相続財産額5,000万円以下です。財産の内訳をみると「土地・建物・現金」が全体の30％で、次いで「土地・建物」19％……と、不動産の占める割合が大きいほど相続でもめやすい傾向となっています。生命保険による相続対策が必要なケースは相続財産の多寡ではなく、図表4-3-2のとおりです。

図表4-3-2　生命保険による相続対策が必要なケース

・財産に占める不動産（自宅・土地など）の割合が高い
・ローン返済中で団体信用生命保険に入っていない
・知り合いの連帯保証人になっている

（出所）著者作成

3. 生命保険の６つのメリット

　生命保険を活用すると、次に挙げるメリットがあります（図表4-3-3）。

　１つの保険で受取人を複数設定することは可能です。その際は「○○（相続人の名前）に50％、△△（相続人の名前）に50％」のように、受取人と受取割合を明確に設定してください。「受取人＝相続人」のような大くくりにすると、相続財産に該当してしまうためメリットを享受できません。一昔前の保険にはこのような設定になっているものも少なくないので確認をするようにしてください。

図表4-3-3　生命保険の６つのメリット

①特定の相続人に決まった金額の財産を遺すことができる
②代償分割（※）の原資として活用できる
③相続財産ではなく保険金受取人固有の財産になるので、遺産分割や遺留分の対象にならない（保険金受取人が極端に有利な場合を除く）
④相続税を計算する場合は「みなし相続財産」として相続財産に合算されるが、非課税限度額があり、その範囲までは課税されない（相続放棄のケースを除く）
⑤限定承認や相続放棄（Q8-4）の手続きを取るようなケースでも、死亡保険金は受け取った相続人の固有の財産として保全される
⑥預金口座は銀行が預金者の亡くなった事実を知った時点で凍結されて遺産分割協議が成立するまでは引き出せないが、死亡保険金は受取人が単独で保険会社に請求できる（保険会社や金額にもよるが、２週間から１カ月程度で受取可能）

（※）他の相続人より多くの遺産を相続する代わりに他の相続人に対してその差額分を償還債務として負担すること
（出所）著者作成

Q4-4

終末期医療とは何ですか。受ける場合の注意点を教えてください。

> **A** 末期状態の患者に対して、身体的・精神的苦痛をやわらげて、クオリティ・オブ・ライフ（生活の質）の向上に主眼を置いた医療のことです。保険診療の対象ですので、高額療養費制度（**Q4-1**）が使えます。70歳未満であれば入院前に必ず「限度額適用認定証」（**Q4-1**）を入手して、病院に提示しておきましょう。

1. 終末期医療とは

　終末期医療とは、患者の病状のために治癒が望めず、死が避けられない患者に対して、延命を主な目的とするのではなく、身体的苦痛や精神的苦痛を軽減することによってクオリティ・オブ・ライフ（生活の質）を向上することに主眼が置かれている医療のことです。「ターミナルケア」「緩和ケア」とも呼ばれています。延命を図る積極的治療がむしろ不適切と考えられる状態で、余命6カ月以内と思われる段階にある末期患者が対象になります。ターミナルケアを専門に行う施設のことを「ホスピス」といいます。

2. ホスピスは「お金持ちしか利用できない」か

　ホスピスの医療費は定額制で、治療内容に関係なく1日4万9,260円です。3割負担で1日1万4,778円、30日入院すれば44万円強の医療費がかかります（平成26年度入院中の食事療養費1食260円は別途必要。個室は差額ベッド代がかかることもある）。このためお金持ちしか入れないと思っている人は多いようです。
　しかし、終末期医療は保険診療の対象で、高額療養費制度（**Q4-1**）が使えます。70歳未満なら、入院する前に加入先の公的医療保険で「限度額適用認定証」を入手することで、1カ月間に窓口に支払う医療費（保険診療分）を3万5,400〜25万2,000円程度に抑えることができます。70歳以上は自動的に高額療養費制度が適用になり、窓口で支払う1カ月の負担は1万5,000〜8万円程度となります。
　ただ、限度額適用認定証が使えることを知らないために、毎月44万円以上の医療費を窓口で支払っている人もいるようです。高額な医療費負担に耐えられずに緩和ケアを断念する人も少なくありません。3割の治療費をすでに払っている人は加入先の公的医療保険に高額療養費の還付請求をすると、払いすぎた分の還付が受けられます。時効は2年です。入金されるのは手続きから3〜4カ月後になります。

3. 在宅緩和ケアも高額療養費制度の対象

　在宅で緩和ケアを受ける場合も保険診療の対象になるので、高額療養費制度が使えます。
　在宅緩和ケアを受ける場合も、限度額適用認定証を入手しておきましょう。

在宅緩和ケアにかかる医療費は医師・看護師の訪問回数と治療方法によって異なります。

がん治療費.comの調べ（平成20年）によると、医師の訪問1回につき8,300円、看護師の訪問1回につき5,550円に加え、毎月在宅で行う治療の基本料が4万5,000円かかります。これに加えて、（A）酸素療法を行った場合は月額7万3,800円、（B）在宅での輸液・栄養療法は月5万円（月6回まで）、（C）痛止めや抗がん剤治療を行った場合は月1万5,000円がかかります（（A）～（C）を複数使用する場合は最も料金が高い治療費のみを請求）。

医師による訪問診療を週1回（月4回）、看護師の訪問看護を週3回（月12回）お願いし、酸素療法と抗がん剤治療を受けた場合の治療費は月21万8,600円となります。

70歳未満はその3割の6万5,580円を支払うことになります。

70歳以上の費用負担（保険診療分）は、高額療養費制度の外来自己負担限度額を超えることはありません（図表4-4-1）。所得区分が一般の場合、1カ月にかかる医療費は1万2,000円＋医師・看護師の交通費（実費）となります。

在宅緩和ケアが受けられる環境にあるのであれば、ホスピスに入院するよりも自宅療養を選択したほうが、財布にも本人にもやさしいようです。

4. ホスピス入院は「治療を目的とした入院」に該当するのか

民間の医療保険やがん保険の約款には、支払い条件の1つに「治療を直接の目的として入院していること」という文言が盛り込まれています。延命治療を主な目的としないターミナルケアは入院給付金の対象になるのでしょうか。

正解は「通常は支払われる」です。終末期には痛みを取り除くためにモルヒネなどの痛止めの投与（疼痛管理）を行いますが、これも治療行為です。入院給付金は支払われます。

ただし、医的治療が全く入らない、療養のみや心のケアだけで入院している場合は入院給付金が支払われない場合があります。ホスピスに入院する場合はどんな治療を行っていくのか、医師と十分に相談した上で利用するようにしてください。

図表4-4-1　高額療養費の外来自己負担限度額（70歳以上）

所得区分		外来　自己負担限度額
現役並み所得者 （月収28万円以上などの窓口負担3割の方）		44,400円
一般		12,000円
低所得者 （住民税非課税の方）	Ⅱ（Ⅰ以外の方）	8,000円
	Ⅰ（年金収入のみの方の場合、年金受給額80万円以下など、総所得金額がゼロの方）	

（出所）厚生労働省資料

Q4-5

尊厳死とは何ですか。尊厳死を希望する場合には何か手続きが必要なのでしょうか。

A 尊厳死とは、傷病により「不治かつ末期」になったときに、自分の意思で延命措置をやめてもらい、人間としての尊厳を保ちながら自然に死を迎えることです。尊厳死を実現するには、心身ともに健全なときに、あらかじめ自分の意思を書面（リビング・ウィル＝Living Will）で表明し、明示しておくことが必要です。

1. 尊厳死とは

　尊厳死（death with dignity）とは、不治かつ末期の患者が、生命維持装置は使わず、痛みの除去・緩和処置のみを受けながら、人間としての尊厳を保ちつつ、自然に寿命を迎えることです。患者自身が知的・精神的判断能力のある間に「尊厳死の宣言書」（リビング・ウィル）を作成して尊厳死を望む意思を表明しておけば、不治・末期で例え本人の意識が回復しない状況になっても本人の意思が尊重されるとされています。

　アメリカでは、The Patient Self-Determination Act（PSDA）という法律により、公的医療保険の給付を受ける全ての医療機関は、治療方針の決定段階において、信仰する宗教とリビング・ウィルの有無を確認することが義務づけられています。

　日本では法制化されていませんが、医師や家族に対して患者自らがリビング・ウィルを示すことによって、尊厳死の意向を伝えることができます。日本尊厳死協会が2013年に実施したアンケートによると、医療機関にリビング・ウィルを提示したところ、90％（639件）の医師がリビング・ウィルを受容しています。

　日本尊厳死協会は1976年に「死のありかたを選ぶ権利」を求めて、医師や法律家、学者、政治家などで設立された一般社団法人です。年会費2,000円を払って登録すると、リビング・ウィルを本部に保管し、原本証明済みの写しを本人に渡すしくみになっています。2014年12月1日現在、12万人を超える会員が自身の尊厳死を求めて登録しています。

2. 延命治療は保険診療だが、対象にならないケースも

　延命措置は保険診療なので、高額療養費制度が使えます。しかし、公的医療保険からの給付に制限を受ける事項（図表4-5-1）に該当した場合や保険診療の対象外の装置を導入した場合は自由診療となり、何百万円もの高額な医療費を請求されることがあります。

　延命治療で健康保険が使えなかったことにより起きた悲しい殺人事件を1つ紹介します。

　平成21年7月、借金を苦に40歳の男性が自殺を図りました。救命医療で一命は取り留めたものの人工呼吸器が付けられて植物状態のまま延命治療が続けられていました。しかし、自殺未遂は「本人が故意に起こした事故」に該当し、健康保険の給付が受けられません。病院から「この

ままだと月末までに500万円の治療費がかかる」と説明を受けた妻は自分が呼吸器を外すと訴えましたが、その10日後、一家の将来を案じた男性の実母（67歳）が男性の左胸を刺して殺害したというものです。この母親には執行猶予付きの有罪判決が出ています。

図表 4-5-1　健康保険の給付の制限を受ける場合

1. 故意の犯罪行為または故意に事故を起こしたとき
2. けんか、よっぱらいなど著しい不行跡により事故を起こしたとき
3. 正当な理由がなく医師の指導に従わなかったり保険者の指示による診断を拒んだとき
4. 詐欺その他不正な行為で保険給付を受けたとき、または受けようとしたとき
5. 正当な理由がないのに保険者の文書の提出命令や質問に応じないとき
6. 感染症予防法等他の法律によって、国または地方公共団体が負担する療養の給付等があったとき

（出所）全国健康保険協会 HP

3. リビング・ウィルの作成で大事な3つのこと

リビング・ウィル（図表 4-5-2）を作成する上で大切なのは、次の3つのことです。
①本人が心身ともに健康なときに書面に残し、家族や医師に口頭で伝えておくこと。
②自分の意識が鮮明でなくなったときに延命措置の判断を誰に任せるか、優先順位を決めて、代理人を指定しておくこと。それを家族や医師に伝えておくこと。
③延命措置の中止をしたときに「医師の責任を一切問わない」といった免責条項を明記すること。
　こうすれば、医師は安心して希望通りの治療を実行することができます。

図表 4-5-2　尊厳死の宣言書（リビング・ウィル）のサンプル

尊厳死の宣言書

　私は私の傷病が不治であり、かつ死が迫っていたり、生命維持措置なしでは生存できない状態に陥った場合に備えて、私の家族、縁者ならびに私の医療に携わっている方々に次の要望を宣言いたします。この宣言書は私の精神が健全な状態にあるときに書いたものであります。したがって、私の精神が健全な状態にあるときに私自身が破棄するか、または撤回する旨の文書を作成しない限り有効であります。
① 私の傷病が、現代の医学では不治の状態であり、すでに死期が迫っていると診断された場合には、ただ単に死期を引き延ばすための延命措置は一切お断りいたします。
② ただしこの場合、私の苦痛を和らげるためには、麻薬などの適切な使用により十分な緩和医療を行ってください。
③ 私が回復不能な遷延性意識障害（持続的植物状態）に陥ったときは生命維持措置を取りやめてください。
　以上、私の宣言による要望を忠実に果たしてくださった方々に深く感謝申し上げるとともに、その方々が私の要望に従ってくださった行為の一切の責任は私自身にあることを附記いたします。

平成〇年〇月〇日
フリガナ
氏　　名　　　　　　　　　　　（印）　　年　　月　　日　生
住　　所

（出所）日本尊厳死協会 HP

Q4-6

父が末期がんで自宅療養することになりました。介護保険は使えますか。

A 患者が40歳以上で、介護保険の保険料を支払っている人であれば使えます。平成22年より、末期がん患者の申請に関しては認定を迅速に行うなどの配慮がなされています。入院中でも申請ができるので、在宅緩和ケア（Q4-4）と合わせて活用するとよいでしょう。

1. がん患者が介護保険を上手に使うには

　介護保険は要介護・要支援認定を受けた65歳以上の人なら、原因を問わず使える制度です。介護保険料の払込みを行っている40歳以上65歳未満の人の場合、末期がんなどの16の特定疾病（図表4-6-1）を原因とするものであれば利用できます。

　がんの進行は日常生活にさまざまな支障を与えます。普通に行っていた家事や仕事ができなくなったり、食欲の低下や気分の落ち込み、1日中ウトウトしたりするなどの症状が出ます。末期になると、意識状態が変化し、現実と夢が錯綜したり、現在と過去が入り混じったりします。体が自由にならなくなり、手足をばたつかせることもあります。

　在宅緩和ケアなどで末期がん患者を自宅で看取る場合、このような変化に合わせた介助が必要になります。介護保険を使えば、訪問介護や訪問入浴、介護ベッドのレンタルなどの利用料は1割負担になります（平成27年8月より一定所得以上の人は2割負担）。家族にとって肉体的にも経済的にも楽になるはずです。

2. 介護保険で利用できるサービス

　介護保険で利用できるサービスに「施設サービス」「居宅サービス」「地域密着型サービス」があります（図表4-6-2）。末期がん患者の場合、居宅サービスを活用することになります。

　居宅サービスには、「訪問介護」「夜間対応型訪問介護（要支援除く）」「訪問入浴介護」「訪問

図表4-6-1　特定疾病の範囲

1. がん末期（医師が一般に認められている医学的知見に基づき回復の見込みがない状態に至ったと判断したものに限る）	9. 脊柱管狭窄症
	10. 早老症
	11. 多系統萎縮症
2. 関節リウマチ	12. 糖尿病性神経障害、糖尿病性腎症および糖尿病性網膜症
3. 筋萎縮性側索硬化症	
4. 後縦靱帯骨化症	13. 脳血管疾患
5. 骨折を伴う骨粗鬆症	14. 閉塞性動脈硬化症
6. 初老期における認知症	15. 慢性閉塞性肺疾患
7. パーキンソン病関連疾患	16. 両側の膝関節または股関節に著しい変形を伴う変形性関節症
8. 脊髄小脳変性症	

（出所）厚生労働省HP

看護⁽注⁾」「訪問リハビリテーション」「居宅療養管理指導」「介護用ベッドや車いす、床ずれ防止用具などの貸与（要介護2以上）」「手すりやスロープ、歩行器、歩行補助つえに限定した貸与（要介護2以上）」「腰掛け便座や特殊尿器、入浴用いすなど、貸与になじまない福祉用具を指定事業者から購入した場合（10万円上限）（要支援、要介護1）」「住宅改修費の支給（手すりの取付けや段差の解消など、小規模な住宅改修に要する費用（20万円上限））」があります。

　末期がんは急速に症状が進むことがあるため、平成22年より認定の迅速化が実施されています。通常、申請から認定まで1カ月位かかりますが、末期がん患者なら早めに認定を受けられます。また、要介護2以上でないと利用できない「介護用ベッド等の貸与」についても、主治医の意見書、医師の診断書、ケアマネジャーの意向を書類で確認できれば、要支援や要介護1の人でも使えるようになっています。

図表 4-6-2　介護サービス利用の手続き

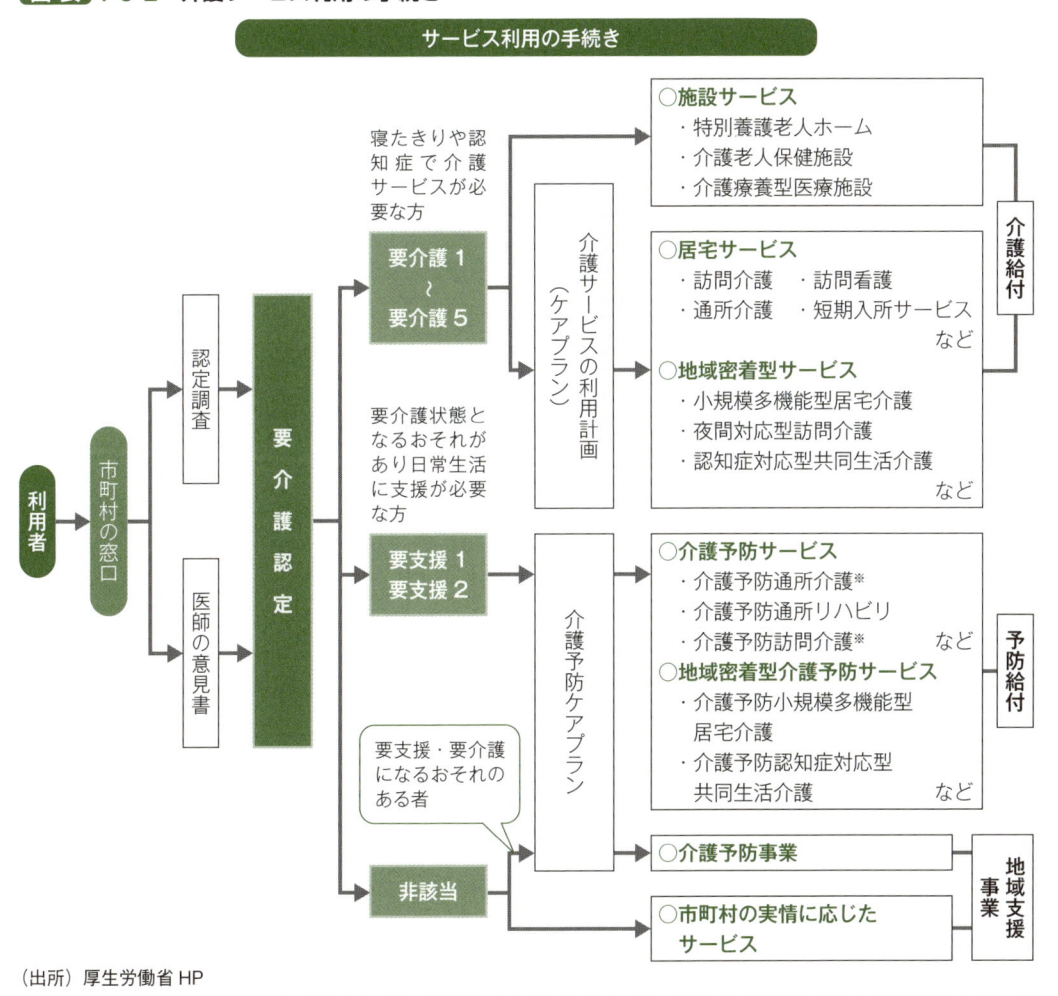

サービス利用の手続き

利用者 → 市町村の窓口 → 認定調査／医師の意見書 → 要介護認定

- 寝たきりや認知症で介護サービスが必要な方 → 要介護1～要介護5 → 介護サービスの利用計画（ケアプラン）
  - ○施設サービス
    - ・特別養護老人ホーム
    - ・介護老人保健施設
    - ・介護療養型医療施設
  - ○居宅サービス
    - ・訪問介護　・訪問看護
    - ・通所介護　・短期入所サービス　など
  - ○地域密着型サービス
    - ・小規模多機能型居宅介護
    - ・夜間対応型訪問介護
    - ・認知症対応型共同生活介護　など
  → 介護給付

- 要介護状態となるおそれがあり日常生活に支援が必要な方 → 要支援1／要支援2 → 介護予防ケアプラン
  - ○介護予防サービス
    - ・介護予防通所介護※
    - ・介護予防通所リハビリ
    - ・介護予防訪問介護※　など
  - ○地域密着型介護予防サービス
    - ・介護予防小規模多機能型居宅介護
    - ・介護予防認知症対応型共同生活介護　など
  → 予防給付

- 要支援・要介護になるおそれのある者／非該当
  - ○介護予防事業
  - ○市町村の実情に応じたサービス
  → 地域支援事業

（出所）厚生労働省HP

※平成27年4月から3年をかけて市区町村に移管する予定
（注）末期がん患者の場合、訪問看護は公的医療保険で受けるのが一般的です。

Q4-7

介護費用はいくらくらいかかりますか。

A 介護保険サービスを利用する場合、実際にかかる費用の1～2割が自己負担です。介護保険の対象とならない宅食サービスや草むしり・雪かきなどのサービスなどを使う場合は、全額自己負担となります。シルバー人材センターや有償ボランティア団体などに依頼すると比較的安価で利用できます。

1. 介護保険なら実費の1～2割を負担すればいい

　介護保険は40歳以上の人が介護保険料を納め、介護が必要になったときに所定の介護サービスが受けられる保険です。65歳以上の人は、原因が何であろうと所定の要介護・要支援状態であると認定されれば介護サービスを受けることができますが、40歳以上65歳未満の人は16種類の特定疾病（Q4-6）によって要介護状態になった場合に限り、介護保険が使えます。

　介護保険で要介護（要支援）認定を受けると、実際にかかる費用の1～2割で介護サービスを利用できます（一定の所得以上の人が2割負担となるのは平成27年8月1日からになります）。とはいえ、1～2割になるのは介護保険で認められたサービスだけです。介護の必要度合い（要介護度）によって上限額（支給限度基準額）も決められています（図表4-7-1）。上限を上回って利用した場合の超過分や対象外のサービスを使った費用については、全額自己負担となります。

　介護費用を安く抑えるコツは介護が必要になったら真っ先に介護保険の申請をすることです。要介護認定が確定して介護保険でどんなサービスを受けるかが決まってから、足りない分を民間業者に委託しましょう。地域や利用世帯の所得などによっては福祉サービスが使える場合もありますし、シルバー人材センターや有償ボランティア団体などに依頼すれば、比較的安価で対応できます。福祉サービスやボランティアの情報は社会福祉協議会か自治体が運営するボランティアセンターなどに問い合わせてください。

図表 4-7-1　在宅サービスの利用者負担

要介護状態区分	区分支給限度額	サービス利用にかかる費用の目安
要支援1	5,003 単位	50,030 ～ 56,330 円
要支援2	10,473 単位	104,730 ～ 117,920 円
要介護1	16,692 単位	166,920 ～ 187,950 円
要介護2	19,616 単位	196,160 ～ 220,870 円
要介護3	26,931 単位	269,310 ～ 303,240 円
要介護4	30,806 単位	308,060 ～ 346,870 円
要介護5	36,065 単位	360,650 ～ 406,090 円

（出所）東京都目黒区「介護保険制度　パンフレット（平成26年）」より抜粋

2. 統計データからみた介護費用の実態

厚生労働省の調べによると、平成25年度の介護保険利用者1人当りの介護費用は19万円（図表4-7-2）。1割負担なら1万9,000円、2割負担では3万8,000円になります。

3. 介護に要する期間は平均4年9カ月

介護に要する期間は長期にわたっています。生命保険文化センター「生命保険に関する全国調査」によると、介護経験者が実際に要した介護期間は平均4年9カ月です（図表4-7-3）。しかし、1割以上の家庭が10年以上介護を行っており、長期化の傾向にあります。

図表 4-7-2 介護保険利用者1人当りの介護費用

	1人当りの介護費用（10割）	本人負担（1割）
介護予防居宅サービス費	36,000	3,600
居宅サービス費	124,000	12,400
地域密着型サービス費	230,800	23,080
施設サービス費	295,800	29,580
介護サービス費（総数）	190,000	19,000

（出所）厚生労働省「平成25年度 介護給付費実態調査の概況（平成26年4月審査分）」より著者作成

図表 4-7-3 介護に要する期間

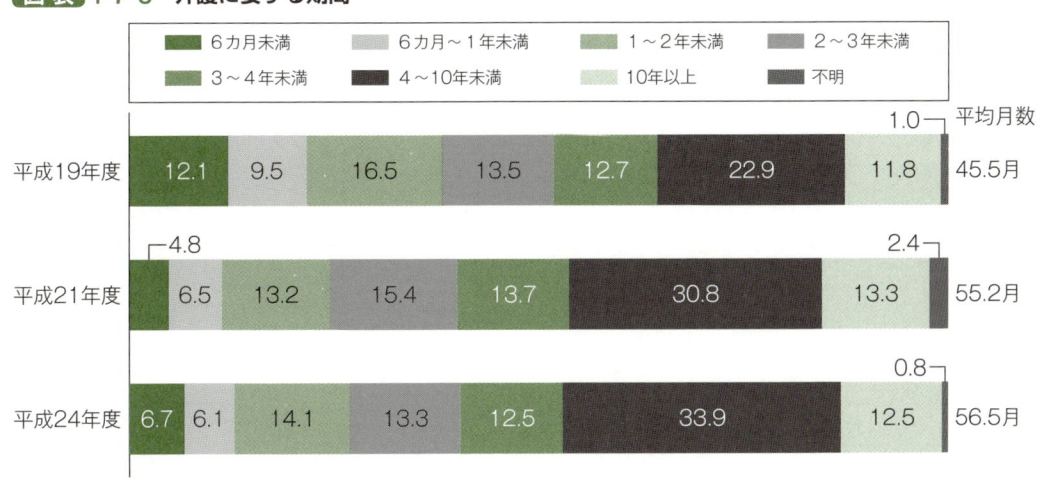

凡例：6カ月未満／6カ月～1年未満／1～2年未満／2～3年未満／3～4年未満／4～10年未満／10年以上／不明

年度	6カ月未満	6カ月～1年未満	1～2年未満	2～3年未満	3～4年未満	4～10年未満	10年以上	不明	平均月数
平成19年度	12.1	9.5	16.5	13.5	12.7	22.9	11.8	1.0	45.5月
平成21年度	4.8	6.5	13.2	15.4	13.7	30.8	13.3	2.4	55.2月
平成24年度	6.7	6.1	14.1	13.3	12.5	33.9	12.5	0.8	56.5月

（出所）生命保険文化センター「生活保障に関する調査（19年度）」「生命保険に関する全国実態調査（平成21、24年度）」より著者作成
※なお、両者は異なる調査であるため連続性はありません。そのため両者を単純に時系列比較はできません。

Q4-8

元気なうちにやっておくとよい介護の備えを教えてください。

A 大切なのは「①近隣のネットワークづくり」と「②不測の事態に備えた予備資金作り」です。早い時期から取り組むほど、効果を発揮します。また、「③エンディング・ノートの作成」も介護プランの作成や介護現場で大いに役立ちます。長期の介護に備えた「④民間介護保険の活用」は現在の家計に余裕があり、家族介護が困難な場合に検討しましょう。

1. 介護は他人事ではない

　厚生労働省のデータによると、65歳以上の介護保険利用者数は毎年増加しています（図表4-8-1）。厚生労働省の調べによると、65歳以上の17.6％、実に6人に1人が要介護・要支援認定者です。介護問題は特別なことではなく、どんな家庭にも訪れる可能性があるのです。

2. 誰でもできる「近隣ネットワーク」と「エンディング・ノート」づくり

　自分の異変に気づいてくれる誰かがいると安心ですが、核家族化、少子高齢化が進み、その安心を家族に求めることがむずかしくなっています。
　そんなときに威力を発揮するのがご近所づきあい（近隣のネットワーク）です。
　町内会や婦人会、老人会、ボランティアやサークル活動に参加するなど、どんなことでもかまいません。地域に知り合いをつくることから始めましょう。65歳以上の人であれば、地域包括支援センター（Q4-10）が定期的に開催する体操教室もお勧めです。ここには介護保険の相談ブースがあるので、心配事ができたときに気軽に話しを聞きに行くことができます。
　エンディング・ノートとは人生の最終章を迎えるにあたり、自身の思いや希望を家族などに確実に伝えるためのノートですが医療や介護の場面でもたいへん役に立ちます。

図表 4-8-1　要介護・要支援認定者数の推移

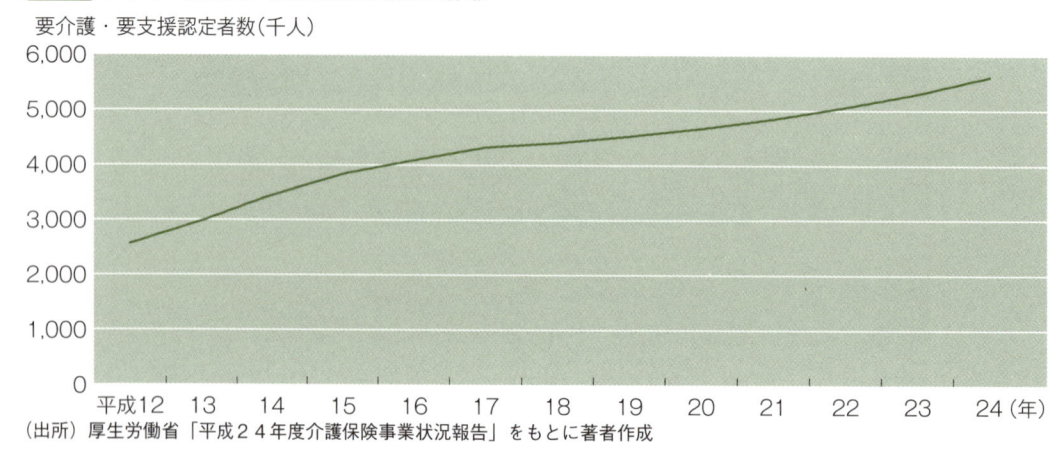

（出所）厚生労働省「平成24年度介護保険事業状況報告」をもとに著者作成

例えば、エンディング・ノートに介護の希望や好み、趣味、持病、かかりつけ医、毎日飲んでいる薬、大切な思い出などを書いておくと、それを読んだケアマネジャーや家族があなたに適した介護プランを考えてくれます。また、実際に介護に携わる家族やヘルパーも動きやすくなり、介護する人も介護される人も気持ちよく暮らしていけるのです。急に倒れて救急車で運ばれたときも、誰かがエンディング・ノートの存在を知っていれば、それをもとに治療方針を決めることができます。もしものことがあったときに、あなたの意思を代弁してくれるのがエンディング・ノートなのです。

3. 予備資金をつくり、介護・医療の「イザ」に強い家計にする

長い介護生活を乗り切るには相応の資金が必要です。現実に、介護の必要性があるにもかかわらず、支払いが困難なために利用を制限している人は少なくありません。

全日本民主医療機関連合会「介護1000事例調査」によると、介護と生活をめぐって利用者とその家族が直面している困難事例を分析した結果、根底にあるのは費用負担の問題でした（図表4-8-2）。収入や資産がないために必要な介護が受けられないというものです。

このような悲しい事態にならないように、予備資金（預貯金）づくりは重要です。「イザ」というときに使える預貯金があれば、要介護状態になったときだけでなく、入院・手術などの突発的な出費にも対応できます。

目安は「200万～300万円」です。要介護状態になって月4万円（要介護5の自己負担限度額の目安は3万5,830円）の出費が4年9カ月（介護に要した期間の平均（Q4-7））続いたとしても226万円です。この間に入院したとしても、保険診療の範囲であれば300万円の予備資金で対応できそうです。ちなみに、介護保険の自己負担額の平均は1万9,000円（平成25年度介護給付費実態調査の概況）です。これを基準に考えると200万円でも8年以上払い続けることができます。

私たちの年金は今後社会保険料の引上げ等で手取り額が少なくなることはあっても、上がることは考えにくい状態です。月数万円の負担増でも、生活に大きな影響を与えます。だからこそ、高齢期の「イザ」に備えて今から資産づくりを行いましょう。また、5年以上の長期介護に対する備えが心配な場合は民間介護保険でカバーしておきましょう。

すでに資産に余裕があるのであれば、200万～300万円の普通預金口座をつくり、「○○（名前）の医療・介護用」と書き込んでおきましょう。預金の使途を明確にすることで、安易な引き出しを防いでくれます。キャッシュカードも一緒に作っておくと、病院のATMで引き出せて便利です。

図表 4-8-2　重い費用負担のために利用を制限する事例

- 自宅生活が困難なのに、月10万円の年金で入れる施設が見つからない（84歳女性）
- トイレ移動が困難なのに月8万円の年金では排泄介助などのサービスを増やせず、ボトルに放尿している（79歳男性）
- 費用が払えないという理由で、呼吸困難なのに在宅酸素療法を中止して受診回数を減らし、訪問介護も控えようとしている（74歳女性）

（出所）全日本民主医療機関連合会「介護1000事例調査」より著者編集

Q4-9

民間の介護保険を選ぶポイントを教えてください。

A 公的介護保険に連動しているものを選びます。支払いがスピーディで給付要件が明確です。また、介護に特化したものよりも、一生涯の死亡保障を兼ね備えたタイプのほうが実質的な保険料は安いケースが多いようです。

1. 民間介護保険の3つの給付要件

　民間の介護保険は所定の要介護状態であると認定されたときに、一時金または年金が支払われる保険です。給付の要件には次に挙げる3つがあります（図表4-9-1）。

図表4-9-1　民間介護保険の3つの給付要件

①公的介護保険制度の要介護認定（約款規定の要介護度以上）を受けたとき
②日常生活動作において、約款規定の要介護状態が所定の日数以上継続したとき
③認知症による約款規定の要介護状態が所定の日数以上継続したとき

（出所）著者作成

　公的介護保険に連動しているものは被保険者が「65歳以上なら①、65歳未満なら②と③」を給付要件としているものです。そうでない場合は「②と③」の組合せになります。連動型の介護保険に65歳以上の人が加入している場合、保険会社が規定する要介護度以上に認定され、その事実を保険会社に速やかに伝えれば、その時点で一時金または年金を受けることができます。

　一方、連動型でない場合、介護が必要な状態になったとしても保険会社があらかじめ決めた期間を経過（状態の固定）しないと支払われません。所定の期間は商品等により異なりますが、180日以上が一般的です。公的介護保険の申請から認定結果が通知されるまでの期間は約1ヵ月（30日）ですから、連動型のほうが格段に速く保険金が支払われます。

　民間介護保険のパンフレットに「公的介護保険の要介護4以上に相当」などと表現されたものがありますが、これは連動型ではありません。連動型は「公的介護保険で要介護2以上と認定されたとき」と明確に書いてあります。間違えないように注意しましょう。

2. 終身の介護保障と死亡保障がセットになった終身介護保険

　民間介護保険は「介護が必要になったときに現金が支払われる」のが最大の魅力ですが、残念ながら、必要なときに100％給付が受けられるものではありません。非連動型は所定の要介護状態が180日以上継続しなければ給付が開始しません。連動型であっても、給付要件が「要介護2以上」「要介護3以上」となっていることが多いので、要支援や要介護1に認定された場合には給付を受けることができません。民間介護保険がいまだ発展途上といわれるのは、ここに理由があります。

民間介護保険を上手に活用するコツは、給付が受けられない可能性を考慮して予備資金を作っておくことと、受け取れない可能性を減らすことです。具体的には、終身の死亡保障と終身の介護保障を合体させた終身介護保険を利用するということです。

終身介護保険は、保険期間が終身の生前給付保険です。保険期間中に所定の要介護状態になったときは介護一時金または介護年金（商品による）が支払われ、要介護状態にならないで死亡したときには死亡保険金が支払われるしくみになっています。

一時金が支給されるタイプの場合、介護一時金が支払われた時点で保障は終了します。介護年金タイプであれば、要介護状態が続く限り年金の給付は続きますが、介護年金が支払われた分だけ死亡保険金を減額するしくみになっているものが主流です（死亡保険金を上回る介護年金を受け取ったとしても、要介護状態が続くかぎり年金は支払われます（図表 4-9-2））。

単純な保険料比較をすると、介護のみに特化したほうが毎回の保険料はリーズナブルです。しかし、終身介護保険なら終身の死亡保障を備えているので、死亡保険金の金額は必ず回収できます。民間介護保険を選ぶ場合は保険料の払込総額から死亡保険金を差し引いた「実質保険料」で比較するように心がけましょう。

3. 生命保険の介護特約を利用する際の注意点

定期付き終身保険や利率変動型積立終身保険（アカウント型保険）に介護特約を付けて契約しているお客様がいた場合、その特約の保険期間を確認してください。保険期間が10年、15年などの一定期間になっている場合は要注意です。更新のたびに保険料が上がるのはもちろんですが、主契約の保険料払込満了時点で保障が終了するしくみになっているか、最長80歳までとなっているものが大半だからです。老後の介護が心配で入っているのに使える年齢になったら保障が消滅するなんて、悲しすぎます。民間の介護保険（特約）に入る場合は保険期間をチェックして「終身」のものを選ぶようにしましょう。

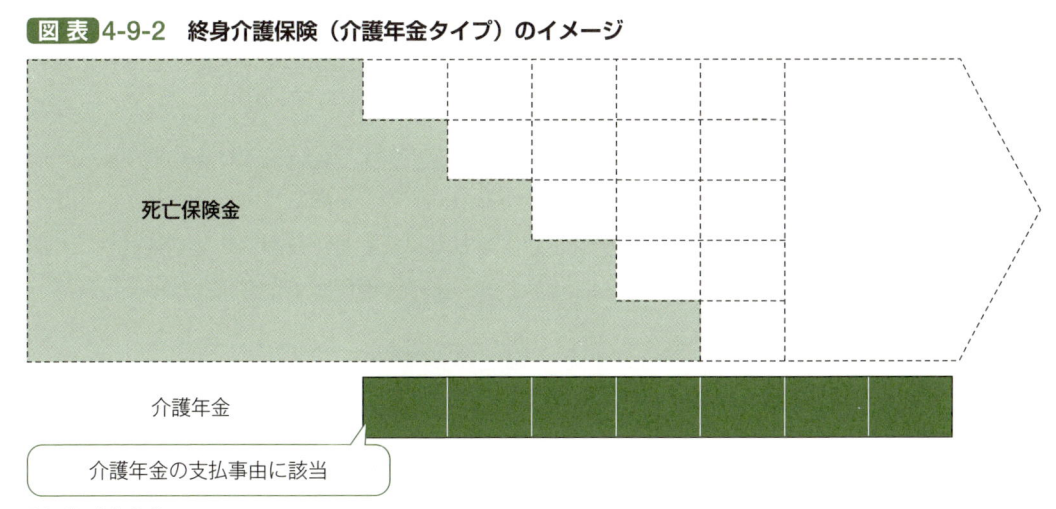

図表 4-9-2　終身介護保険（介護年金タイプ）のイメージ

（出所）著者作成

Q4-10

介護が必要になったらどこに相談したらよいですか。

A 地域包括支援センターに相談しましょう。このセンターのスタッフは、保健師、看護師、社会福祉士、主任ケアマネジャーなどの専門職です。互いに連携をとりあって、高齢者やその家族にどのような支援が必要かを検討し、適切な関係機関を紹介したり、制度の利用につなげる支援を行ったりしています。

1. 地域包括支援センターとは

　介護保険法の改正が行われた平成18年4月に誕生したのが地域包括支援センターです。高齢者やその家族から介護や介護予防、生活上の悩みなどの相談を受ける相談所です。高齢者に必要な支援は何かを検討し、介護保険、福祉、保健、医療などさまざまな専門機関につなげるなどの解決策を提案してくれます。具体的には、図表 4-10-1 のような相談に乗ってくれます。相談料は無料です。このほかにも本人や家族のためにさまざまな講座・サポート・相談を行っています。

図表 4-10-1　地域包括支援センターの相談事例

・介護保険の相談・申請受付
・高齢者福祉サービスの相談・申請受付
・介護予防サービスの相談・申請受付
・今の健康を維持し、できる限り自立して暮らしたい方
・認知症介護や予防についての相談
・福祉用具や住宅改修の相談
・その他

（出所）文京区地域包括支援センターHP

　東京都文京区の地域包括支援センターの場合、認知症介護教室、認知症家族の会、認知症サポーター養成講座、認知症サポート医の紹介、権利擁護（成年後見制度の利用支援や虐待防止と養護者の支援）、ハートフルネットワーク（高齢者が住み慣れた地域で安心していきいきとした生活を続けるために公共協力機関、団体協力機関、民間協力機関等が連携している見守りネットワーク）などを行っています。介護保険に関する相談はもちろんですが、高齢者に関する困りごとが起きたら、最寄りの地域包括支援センターに相談しましょう。場所がわからなければ、市区町村の役所の介護保険課で教えてくれます。

2. 地域包括支援センターを上手に活用するには

　地域包括支援センターにはパンフレットが用意されています。まずはこのパンフレットを入手することから始めましょう。各センターはもちろん、役所の介護保険課にも置いてあるはずです。

直接出向くのがむずかしい場合は事情を説明して郵送してもらえないか頼みましょう。対応はセンターにより異なりますが、送ってくれるところが多いようです。

パンフレットに目を通したら、心配事を思いつくままに書き出してください。

例えば、「高齢の母が羽毛布団を売りつけられたので解約したい」「介護保険を利用したいと思っているが、どんなサービスが利用できるのか」「訪問介護をお願いしている業者に不満を感じているが、変更できないか」「息子が自分の年金を使ってしまうので、暮らしていけない」など、何でもかまいません。箇条書きにし、早く解決したい事柄順に優先順位を付けておくと、相談を受ける際に役立ちます。

相談する場合はできるだけ事前予約をしてください。大半のセンターは当日受付も可能ですが、予約優先になっています。相談の際に認印を持っておくと、介護保険の申請などの手続きがその場でできて便利です。

3. そのほかの相談所について

地域包括支援センター以外にも高齢者相談を受け付けているところがあります。例えば、以下のところです（図表4-10-2）。

図表4-10-2　高齢者相談に応じている団体

- **市区町村社会福祉協議会**
  高齢者や障害者の在宅生活を支援するためにホームヘルプサービス（訪問介護）や配食サービスなどのさまざまな福祉サービスを行っている。地域のボランティア活動のサポートも行っているので、見守りボランティアなどの情報を知りたいときに頼りになる。
- **都道府県社会福祉協議会**
  認知症や知的障害、精神障害等によって判断能力に不安のある人を対象に福祉サービスの利用援助や日常的な金銭の管理等を行う「日常生活自立支援事業」を市区町村社会福祉協議会と連携して実施している。
- **消費生活センター**
  商品やサービスなどの消費生活全般の苦情や相談を受け付けている。悪質商法の被害にあったときや金融機関とのトラブルが発生した場合にも公正な立場で対処する。電話相談あり。土日祝日の電話相談は国民生活センターが担当。
- **公益社団法人成年後見センター・リーガルサポート**
  司法書士が成年後見制度や申立手続き等の相談にのる。

（出所）著者調査により作成

とはいえ、高齢者にまつわる相談であればまず地域包括支援センターを訪れるのが鉄則です。最も幅広い情報をもっているからです。しかし、介護保険のサービスだけでは不足したり、必要なサービスを受けられなかったりする場合は市区町村社会福祉協議会に問い合わせてください。社会福祉協議会（通称、社協）は高齢者だけでなく、障害者や経済的に困難な人を福祉の観点からサポートする団体で、福祉やボランティアの情報に長けています。

第5章 高齢期の住まい

山田 静江

Q5-1

高齢期の住まいにはどのような選択肢がありますか。

> **A** 高齢になって身体能力や判断力などが低下すると、バリアフリー仕様の住まいや他人の見守り・手助けが必要になります。自宅のリフォームや建て替え、子世帯との同居や近居、あるいはバリアフリーの居住環境と見守り機能を備えた高齢者向け住宅・施設への住替えなどが候補になります。

1. 高齢期の不安

　誰もが年を取れば、身体機能の衰えや病気・けがにより自分一人では生活できなくなる可能性があります。身体が健康であっても、判断力等の低下や認知症発症によって、普段のお金の管理や契約手続きについて他人の助けが必要になることがあります。また、高齢者はマルチ商法やリフォーム詐欺、強盗など、さまざまな悪質商法や犯罪のターゲットになりやすいという問題もあります。

　こうしたことから、高齢期に安心して暮らしていくには、バリアフリーなど高齢期の体力の衰えに配慮した家（建物）と、見守り・相談を行う人や各種のサポート制度、そして要介護度が高くなったときの支援体制が必要になるのです。

2. 自宅に住み続ける

　夫婦のみあるいは一人暮らしの高齢者世帯が、自宅で安心して暮らしていくためには、体力や運動機能の衰えに対応した住まいへのリフォームや建替え、手に余る広さの一戸建てから生活に便利な場所にあるコンパクトなマンションへの住替えなどが候補になります。

　また、子世帯の家の近くに住んだり、2世帯住宅を建てて同居したりすれば、子世帯に見守りや付き添いなどの支援を頼むことができます。頼る人がいない場合には地縁を作ってできるだけ近所の人の助けを借りましょう。孤立を防ぐことが大切です。

3. 住替えの時期と選択肢

　同居家族がいない場合や要介護状態になって自宅に住み続けることがむずかしい場合には

図表 5-1-1　高齢期に安心して暮らすために必要なもの

住まい	＋	生活支援・見守り	＋	介護等
バリアフリーなど		安否確認／食事／お金・契約の管理／生活相談／掃除・買物／付添い		介護医療

（出所）著者作成

図表5-1-2のような高齢者向けの住宅や施設が住み替えの選択肢になります。将来を見すえて元気なうちから高齢者向け住宅に住み替えるという選択肢もあります。

(1) 元気なときに住み替える

要介護認定が必要な「介護付き」施設や「介護保険3施設」以外が選択肢となります。

①介護は外部事業者から受けられるが、要介護度が重くなったら、再び住み替えが必要

　　○シルバーハウジング　　　○サービス付き高齢者向け住宅（サ高住）

　　○ケアハウス（自立型）　　○住宅型有料老人ホーム

②重度の要介護状態になっても居住を継続できる

　　○介護付き有料老人ホーム（混合型）

(2) 要介護状態になってから住み替える

要介護度や医療のニーズに応じた施設等を選ぶことが大切です。

①入居時に「要支援～要介護2」程度→介護は外部を利用。重度になったら住み替えが必要

　　○住宅型有料老人ホーム　　○サービス付き高齢者向け住宅（サ高住）

②入居時に「要支援～要介護2」程度→重度になっても継続居住できる

　　○介護付き有料老人ホーム　　○グループホーム（認知症専用）

　　○介護型ケアハウス　　　　　○医療介護連携型サービス付き高齢者向け住宅

③入居時におおむね「要介護3以上」

　　○介護保険3施設　　　　　　○介護付き・介護型・医療介護連携型の施設

図表5-1-2 主な高齢者住宅や施設（Q5-2参照）

名称	生活サービス 見守り	生活サービス 食事	軽減(※1)	要介護の程度 自立	要介護の程度 軽度	要介護の程度 重度	
シルバーハウジング	○	×	○	●	▲	×	サービス付き公営住宅
サービス付き高齢者向け住宅	○	△	×	●	▲	×	バリアフリーと見守りサービス
ケアハウス（自立型）	○	◎	○	●	●	×	生活サービス付き住まい
住宅型有料老人ホーム	○	○	×	●	●	×	食事その他サービスを提供
介護付き有料老人ホーム 介護型ケアハウス 医療介護連携型サ高住	○	◎	×(※2)	×	●	●	食事その他のサービスを提供 24時間体制の介護サービス
介護付き有料老人ホーム(混合型)	○	◎	×	●	●	●	自立期から可。高額施設が多い
グループホーム	○	◎	×	×	●	●	認知症専用のホーム
介護保険3施設							
特別養護老人ホーム	○	◎	○	×	▲	●	重度で困窮者優先
老人保健施設	○	◎	○	×	▲	●	生活リハビリ目的
療養病床	○	◎	○	×	▲	●	長期の療養が必要な人向け

◎…3食付き　○…あり（食事は選択可）　△…施設による　×…原則なし

（※1）所得による利用料等の軽減　（※2）ケアハウスは軽減あり
（出所）著者作成

Q5-2

高齢者向けの住宅はいろいろあるようですが、主なものを教えてください。また、どのような点に注意して選んだらよいでしょうか。

> **A** 高齢者住まい法(注)によって制度化された「サービス付き高齢者向け住宅」、老人福祉法で定められた「有料老人ホーム」や「ケアハウス」、バリアフリー化された公営住宅である「シルバーハウジング」などがあります。

1. 高齢者向けの施設や住宅とは

　2013年に高齢者のみの世帯は全世帯の23.2%に達し、その約半数は単独世帯です。介護が必要になったときはもちろん、例え健康であっても高齢になるにつれ、日常生活に不安や不便さを感じるようになります。また、高齢になると賃貸住宅の入居を断られるなどの問題もありました。こういったニーズに応えて、近年多種多様な高齢者向けの施設や賃貸住宅が登場しています。

　高齢者向けの施設や住宅にはいろいろな種類がありますが、一般的には、体力や判断力が衰えた高齢者が安心して暮らせるよう、居住スペースをバリアフリーにしたり、緊急時の対応や相談、食事の提供、入浴の介助などのサービスを提供したりしている施設や住宅をいいます。

　介護が必要になった入居者に、施設事業者が介護サービスを提供する「介護付き」の施設や住宅もあります。

2. 緊急時以外は自力で生活したい人向け

　生活にやや不安があるものの、食事作りなどは自分でやりたいという人向けには「シルバーハウジング」があります。トイレや風呂、キッチンが各室にあり、独立した生活が営めます。「サービス付き高齢者向け住宅」や「(住宅型)有料老人ホーム」は、居室がマンション形式で独立性が高いタイプと食堂や風呂が共用の下宿タイプがあります。シルバーハウジングの家賃は収入によって決まるため、年金が少なくて経済的に不安がある人にもお勧めできます。

図表 5-2-1　高齢者向けの施設や住宅

高齢者向け施設・住宅の居室タイプ：バリアフリー・緊急通報装置ありが多い
・マンションタイプ（設備が全て整っていて独立性が高い）
・下宿タイプ（トイレや洗面のみで、キッチン、食堂、風呂などは共有）
高齢者向け施設・住宅で受けられるサービスの例
・健康相談　・見守り（安否確認）　・食事　・入浴介助　・掃除や洗濯　・サークル活動や季節のイベント
・（病院や買い物などの）付添い　・外出（散歩や見学会、外食）　・介護サービス　・医療サービス

(出所) 著者作成

(注) 高齢者の居住の安定確保に関する法律

3. 食事作りから解放されたい人向け

　高齢者の体力低下の要因の1つに、十分な栄養が取れないことがあります。3度の食事をしっかり取ることは介護予防にもつながりますので、高齢になって食事の準備がおっくうになってきたという人には、食事付きの施設や住宅をお勧めします。食事は原則として共用の食堂で食べるので、その際に施設職員や他の入居者と交流できるというメリットもあります。入浴介助や外出時のサポートを受けられる場合もあります。

　費用の面で入りやすいのは、収入により事務費の補助がある「ケアハウス」です。食事の提供のほか入浴時介助や外出時の付添いなども受けられるので、高齢になっても安心です。値段がやや高めですが、「住宅型有料老人ホーム」や「ケア付きマンション」なら、独立した生活を営みつつ、必要なときには食事その他のサービスを利用できます。新たに導入された「サービス付き高齢者向け住宅」にも食事付きのタイプがあります。また、高齢者が共同生活する「グループリビング」という暮らし方もあります。

4. 介護が必要な人向け

　比較的軽度の要介護状態であれば、外部の介護事業所の介護サービスを受けながら、前述の高齢者施設や住宅で生活することもできます。しかし、要介護度が重くなった場合には、24時間対応の介護サービスを提供する施設に入居することが望ましいでしょう。

　介護保険の3施設である「特別養護老人ホーム（特養）」「老人保健施設（老健）」「療養病床」、24時間体制で介護を行う「介護付き有料老人ホーム」などが候補となります。このほか、認知症の方がケアを受けながら集団で暮らす「グループホーム」もあります（**Q5-5**）。

5. その人に合った施設・住宅選びを

　高齢期の住まい選びでは、①予算、②設備（居室および共用スペース）、③受けられるサービス（内容、介護者の質や対応）、④食事内容（口に合うか、要望は聞いてもらえるか）のほか、⑤他の入居者（価値観や生活スタイルが合うか）、⑥立地条件（外出しやすいか、知人や家族が訪問しやすいか）、⑦各種イベントの有無なども重要です。

　独立性の高い住宅タイプでは、独自のペースで生活できるものの、他の入居者と知り合うきっかけもつかみにくいかもしれません。一方、ケアハウスや有料老人ホームのように食事付きの場合には、食事は他の入居者と一緒に食事室で食べることになります。少人数のグループリビングのような住宅では、他の入居者との関係はさらに密接になります。

　高齢者は孤独になりがちなので、無理にでも他人と接触する機会をもった方が楽しく生活できる場合もありますが、一方で、他人のペースに合わせたり、他人の目を気にしたりして生活するのは疲れるという人もいます。

　入居する人のそれまでの生活スタイルや性格に合う場所かどうかを考えることも、大切なポイントとなります。

Q5-3

寝たきりなど、要介護状態が重くなったときに受け入れてもらえる施設にはどのようなものがありますか。

> **A** 介護保険の施設サービスを提供する「特別養護老人ホーム（特養）」「老人保健施設（老健）」「療養病床」の3施設、介護保険の特定施設の指定を受けた「介護付き有料老人ホーム」などの24時間介護対応の施設、認知症専門の「グループホーム」などがあります。

1. 介護保険の3施設

介護保険の「施設介護サービス」が受けられる施設で、要介護1以上[注1]の人が入所できますが、実質的には要介護3以上の重度の人が多くなっています。施設に支払う費用は「介護保険の1割負担＋居住費＋食費＋雑費」です。低所得者は居住費や食費が軽減され、比較的低価格で利用できるため人気が高く、数百人の入所待ちという施設もあります。

（1）特別養護老人ホーム＝特養（介護老人福祉施設）[注2]

常時介護が必要など、在宅での介護がむずかしいと認められた高齢者が入所できる施設で、食事や入浴など生活全般にわたる介護が受けられます。

居住費については標準額（ユニット型個室で1カ月約6万円）が定められていますが、低所得者以外の人の費用は施設ごとに決められます。首都圏の場合1カ月当り10万円以上となることもあります（ユニット型個室の場合）。食費は1カ月当り約4.2万円です。要介護5で所得区分が一般の人が入居した場合、ユニット型個室であれば1カ月の費用合計額は約13万円以上、多床室（大部屋）であれば約8万円以上となります。

なお、古いホームには多床型（大部屋）もありますが、新設のホームでは個室が原則となっています。

（2）老人保健施設＝老健（介護老人保健施設）[注2]

介護やリハビリが必要な高齢者が入所できます。自宅等に戻ることを目指して一時的に（3カ月～6カ月程度）入所し、生活リハビリを行う施設です。しかし自宅で介護できない、特養の入所待ちなどの理由で、長期滞在している人もいます。

図表 5-3-1　介護保険の3施設の費用と目安（1カ月当り、住民税課税の場合）

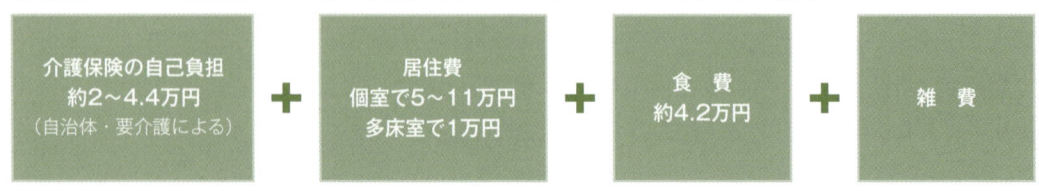

| 介護保険の自己負担
約2～4.4万円
（自治体・要介護による） | ＋ | 居住費
個室で5～11万円
多床室で1万円 | ＋ | 食費
約4.2万円 | ＋ | 雑費 |

（出所）著者作成

（注1）2015年4月から特養の新規入所者は原則として要介護3以上となる
（注2）（　）内は介護保険制度上の名称

特養と同様、介護保険の自己負担のほか、居住費や食費、雑費が徴収されます。要介護5で所得区分が一般の人が入居した場合、個室なら1カ月の費用合計額は約13万円以上、多床室（大部屋）であれば約8万円以上となります。

(3) 療養病床（介護療養型医療施設）^(注2)

慢性の病気や認知症のため、長期の療養や介護が必要な要介護者が対象です。急性期の治療は行わず、療養や介護、リハビリが中心となります。1カ月の費用合計は多床型で約11万円以上ですが、リネン代などの諸雑費を含め多床型で1カ月20万円以上になることも少なくありません。介護保険法の改正により、平成29年度末までに廃止され、他施設へ転換する予定です。

2. 特定施設の指定を受けた「介護付き」の施設

介護保険の「居宅介護サービス」の1つである「特定施設入居者生活介護」の適用が受けられる施設や住宅で、介護3施設のように24時間体制で介護を受けることができます。「介護付き有料老人ホーム」や「介護型ケアハウス」のように、名称に「介護付き」「介護型」とあるのは、特定施設入居者生活介護事業者の指定を受けた施設であるということです。

3. 認知症の方専用の施設

(1) グループホーム

介護保険の「居宅介護サービス」の1つである「認知症対応型共同生活介護」の適用が受けられる施設で、5～9人を1ユニットとして暮らす施設です。全て個室で、トイレや洗面所、風呂、食堂は共有です。職員から生活全般のケアが受けられます。

(2) 精神病院

認知症が進んで問題行動が多くなり、介護施設やグループホーム等で受け入れてもらえない状態になったときには、認知症患者を受け入れる精神病院で、投薬治療などを行いながら状態に合ったケアを受けられる場合もあります。

4. 医療ケアが必要な場合

痰の吸引や経管栄養を行っているなど医療ケアが必要な人の場合、第一候補となるのは療養病床です。しかし、長期療養が必要な高齢者が増えている上、介護型の療養病床が平成29年度末までの廃止が予定されていることもあって、その数は年々減っています。それ以外の施設では、看護師などの職員数によって受け入れできる人数には制限があるため、受入場所を見つけるのがむずかしい状態です。

そこで最近では、長期療養が必要な高齢者の受け皿として、医療法人が経営する「介護付き有料老人ホーム」や「医療介護連携型サービス付き高齢者向け住宅」も登場しています。また、介護保険法の改正により、平成24年4月からは研修を行った介護職員なども痰吸引や経管栄養を実施できるようになったため、医療ケアが必要な人の受入枠は広がりつつあります。

Q5-4

有料老人ホームとはどのようなものですか。

> **A** 有料老人ホームとは、食事や見守りなどの生活支援サービスが付いた、高齢者向けの生活施設です。住まいに重点を置いた「住宅型有料老人ホーム」と、24時間対応の介護が受けられる「介護付き有料老人ホーム」があります。

1. 有料老人ホームとは

　老人福祉法では、①60歳以上の高齢者に、②食事、家事、介護、健康のいずれかのサービスを提供している施設等で、③「介護保険3施設」「グループホーム」「ケアハウス」「サービス付き高齢者向け住宅」など別に定めのある施設や住宅に該当しないものを、「有料老人ホーム」と定めています。どんなに小さい施設でも要件を満たせば有料老人ホームですが、ここでは一定の基準を満たす有料老人ホームについて説明します。

　有料老人ホームには、元気なときから要介護状態まで、幅広い状態の人に向くさまざまなタイプのものがあります。同じ有料老人ホームという名称でも、ホームによって入居条件や設備、費用等の条件は大きく異なります。

2. 有料老人ホームの分類

　有料老人ホームは、(1) 介護付き、(2) 住宅型、(3) 健康型の3つに分類できますが、「介護付き」はさらに、①介護専用型と②混合型に分けられます。

(1) 介護付き有料老人ホーム

　公的介護保険の「特定施設入居者生活介護」が受けられるホームで、24時間対応の包括的な介護サービスを受けられるのが大きな特徴です。要介護認定を受けている人だけが入居できる「介護専用型」と、元気な人も要介護者も入居できる「混合型」があります。

①介護専用型

　介護が必要な状態の人を受け入れるため、居室（各自の部屋）はワンルームにトイレと洗面所が付いていて、キッチンはなし、風呂は共用という下宿タイプがほとんどです。重度の要介護者を受け入れるホームもあります。

②混合型

　基本は介護専用型で自立の人も入居できるタイプと、自立や軽度の要介護者の居住スペースと重度の要介護者の居住スペースが分かれているタイプがあります。どちらも24時間対応の介護が受けられる安心感があります。比較的大規模なホームが多く入居時の費用も高めですが、元気なときから終末期まで幅広く対応してもらえるので、終の棲家（ついのすみか）としての安心度は高いといえるでしょう。

(2) 住宅型有料老人ホーム

　前述（Q5-3）の特定施設入居者生活介護事業者の指定を受けていない有料老人ホームです。ホー

ムで提供する生活支援サービスと併せて、外部の介護事業者から介護サービスを受けることで、軽度の要介護状態までなら対応できます。同じ建物内に介護事業所や医療施設があるなど、介護や医療に配慮したホームもみられるようになってきました。多くのホームでは、入居者同士の交流を深める各種イベントやサークル活動などを企画運営しています。

居室は、ほとんどの居住設備が整っている独立したマンションタイプもあれば、風呂や食事室、リビングなどは共有の下宿タイプもあります。

(3) 健康型有料老人ホーム

要介護認定を受けていない自立者向けのホームです。介護が必要になったら退去する契約となっているのが特徴です。

3. 有料老人ホームの費用

入居時の入居一時金等のほか、毎月の費用を支払います。一時金は居住費や上乗せ介護・サービス費用の前払いという位置づけなので、一時金が高い施設は、立地や設備等のランクが高い物件やサービスが手厚い施設ともいえます。逆に要介護認定を受けている人専用の介護付き有料老人ホームの中には、入居一時金なしという施設もあります。

入居時の一時金や居住費は、①立地条件（都市部に近い、駅から近い、環境がいい）、②建物や設備のランク（豪華、共用スペースが充実している）、③広さ（個室や共用スペースの広さなど）、④サービスの手厚さ、などの条件で決まります。予算が限られているなら、ここだけは譲れないというポイントを絞って選びましょう。

食費は1日3食で1カ月当り5～7万円が平均的な金額です。介護付きのホームでは3食付きが基本ですが、住宅型のホームでは食事を頼むかどうかは自由で、食べた分だけの食費を支払うしくみです。多くのホームでは、きざみ食や減塩食など入居者の健康状態に応じた食事を提供してくれます。

介護費用は、介護付きのホームでは「入居者の要介護度に応じた介護保険の自己負担額」、住宅型では「入居者が利用した介護サービス分の自己負担額」を支払います。手厚い介護を提供するため、「上乗せ介護費用」を徴収するホームも多いようです。

このほか、病院への送迎や買い物の補助などの日常生活サポートサービス、洗濯や掃除などの家事援助サービスの利用料や、理美容費、おむつ代などの実費がかかります。こまごましたサービスの1つひとつに、別途費用が発生する場合もあるので、あらかじめ確認しておきましょう。

図表 5-4-1　有料老人ホームの費用の内訳

入居時：入居一時金、介護一時金など
毎　月：①居住費（家賃・事務費・光熱費・通信費等）
②食費
③介護費用（介護保険の自己負担、上乗せ介護費用等）
④その他（上乗せサービス費、リネン代、洗濯代、理美容費、雑費）

（出所）著者作成

Q5-5

サービス付き高齢者向け住宅とはどのようなものですか。

> **A** 高齢者住まい法の改正により制定された、質の高い高齢者住宅の登録制度で、平成23年10月から始まっています。一定以上の広さでバリアフリー化された居室、安否確認や生活相談などの見守りサービスが付いていること、高齢者に配慮した契約条件などが登録条件です。

1.「高専賃」から「サービス付き高齢者向け住宅」へ

　高齢者向け住宅の登録・紹介制度としては、高齢者住まい法に基づく「高齢者の入居を拒まない賃貸住宅の登録制度」がありました。同制度でも、高齢者の入居を拒まないなど、所定の条件を満たした住宅を登録・紹介していました。

　高齢者の居住の確保というハードの点では大きな成果をあげていたものの、それだけで「高齢者が安心して暮らす」ことはできません。高齢者の暮らしを支えるには、介護保険制度だけでは

図表 5-5-1　サービス付き高齢者向け登録制度の創設

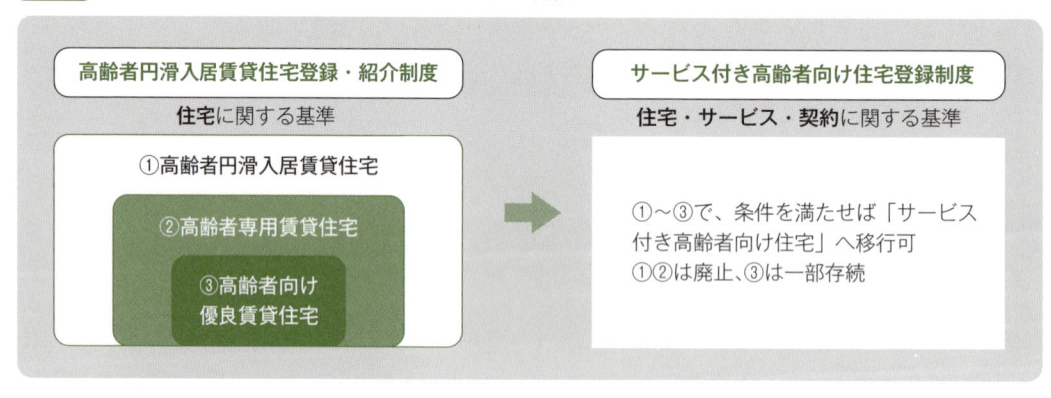

```
┌─────────────────────────────┐        ┌─────────────────────────────┐
│ 高齢者円滑入居賃貸住宅登録・紹介制度 │        │ サービス付き高齢者向け住宅登録制度 │
│         住宅に関する基準           │        │   住宅・サービス・契約に関する基準  │
│     ①高齢者円滑入居賃貸住宅        │   →    │ ①～③で、条件を満たせば「サービス  │
│       ②高齢者専用賃貸住宅          │        │ 付き高齢者向け住宅」へ移行可       │
│        ③高齢者向け                │        │ ①②は廃止、③は一部存続            │
│         優良賃貸住宅               │        │                              │
└─────────────────────────────┘        └─────────────────────────────┘
```

高円賃・高専賃・高優賃の定義と登録基準
①**高齢者円滑入居賃貸住宅（高円賃）**：高齢者の入居を拒まない賃貸住宅で、居室の広さなど一定の条件を満たす
②**高齢者専用賃貸住宅（高専賃）**：①のうち、もっぱら高齢者専用の住宅、詳細な情報提供が必要
③**高齢者向け優良賃貸住宅（高優賃）**：②のうち、バリアフリーなど所定の条件を満たしたもの

サービス付き高齢者向け住宅登録制度
【登録基準】　住宅に関する基準：居室は原則25㎡以上（キッチン等が共用なら18㎡）
　　　　　　　　　　　　　　　バリアフリーなど
　　　　　　サービスに関する基準：サービスの提供（安否確認・生活相談は必須）
　　　　　　契約に関する基準：賃貸借契約等の居住の安定が図られた契約
　　　　　　　　　　　　　　　前払家賃等の保全措置等
【登録事業者の義務】　・登録事項の情報開示　・入居者に対する契約前の説明等
【行政による指導監督】　・報告徴収　・立入検査　・指示等

（出所）著者作成

まかなえない見守りや生活相談などのサービス、つまりソフト面でのサポート体制も欠かせないからです。

そこで平成23年4月に成立した改正高齢者住まい法では、居住空間のみならず、一定のサービスを提供する高齢者住宅を整備する方針となりました。これまでの高齢者円滑入居賃貸住宅制度を廃止し、サービス付き高齢者向け住宅登録制度が創設されたのです。

サービス付き高齢者向け住宅（サ高住）においては、契約時や入居時のトラブルを避けるため、長期入院を理由に事業者から一方的に解約できないこと、前払金の初期償却の制限や保全措置・返還ルールの明示など、契約に関しても一定の基準が設けられています。また、悪質業者排除やトラブル防止のため、行政による指導監督も可能な制度となっています。

2. 生活支援サービス、医療や介護の体制

サービス付き高齢者向け住宅は、バリアフリー化された住まいに最低限、見守りサービスの提供をすることとされていますが、自立した生活がむずかしくなっていく過程では、有料老人ホームのような生活支援サービスや介護サービスを提供することも求められます。

提供されるサービスの種類は施設ごとに異なるので、事前に確認しておくことが必要です。

また、高齢期には多くの方が持病をかかえていて投薬を受けていることから、医療機関との連携も欠かせません。認知症への対応や看取りも大きな課題となっています。

今後の展開としては、24時間対応の介護サービスを提供する「介護付き」のサ高住、社会問題になりつつある、一般病床や療養病床から退去した高齢者を受け入れる「医療介護連携型」のサ高住が増えていくことが期待されています。

図表 5-5-2　サービス付き高齢者向け住宅と生活支援サービス・介護・医療

必須条件：住まい（バリアフリー化）＋見守り（安否確認、生活相談）

選択サービス（注）：生活支援サービス（食事、入浴介助、家事援助、付添い）＋介護等（介護、医療）

（注）サービスの提供や連携の有無は施設により異なる
（出所）著者作成

Q5-6

高齢者施設等に入居するときの資金計画は、どのように考えたらよいですか。

> **A** 「入居時にかかる金額」と「毎月・毎年の支出金額」の概算を書き出してから、それらを収入や蓄えでどうまかなっていくかを考えていきます。

1. 計画の手順

入居時に必要な費用と、毎月・毎年かかる費用や支出を書き出してみましょう。一覧表を作成して毎月と年間の支払い額を記載しておくと、わかりやすいでしょう。

(1) 入居時の費用

- 施設等に払うお金（入居一時金や介護一時金など）　　　　　　　　　　円
- その他の費用（引越し費用・自宅処分等の費用）　　　　　　　　　　　円

　　　　　　　　　　　　　　　　　　　　　　　　合計額　　　　　　　円

(2) 毎月・毎年の支出と収入、不足分の資金調達方法

（単位：円）

	項目	毎月	年間合計
支出	居住費		
	食費		
	介護費用		
	その他		
	施設等に払う費用　計		
	医療費等		
	税金・社会保険料		
	民間保険の保険料		
	こづかい・雑費		
	個人的な支出　計		
	支出合計（A）		
収入	公的年金		
	企業年金・個人年金		
	賃貸収入（諸経費差引後）		
	その他収入		
	収入合計（B）		
	差引（A－B）		
不足	預貯金等取り崩し		
	その他（子の援助など）		

(出所) 著者作成

2. 資金調達方法を考える

(1) 入居時の費用

入居時には、施設に支払う入居一時金のほか、引越しや荷物処分の費用、自宅などの不動産を処分する費用、自宅を賃貸する場合のリフォーム費用などが必要になります。これらの資金調達手段には、①預貯金等の金融資産の取崩しと、②自宅など不動産の活用（売却や担保借入れ）で対応します（**Q5-7**）。

(2) 毎月・毎年の支出

毎月の支払いは、年金収入などの継続的な収入がベースになります。公的年金のほか企業年金、個人年金、利息・配当金収入、家賃収入などの継続的な収入があれば、それを充当し、不足分は預貯金の取崩しなどで対応します。

①預貯金の取崩し

毎月・年間の支払いが年金等の継続収入だけでは足りない場合には、預貯金から支払うことになります。預貯金や投資商品、貯蓄型保険など所有する金融資産の一覧表（種類、金融機関、残高）を作成し、どのお金を使っていくのか計画を立て、管理が楽になるように口座を整理しておきましょう。

一覧表を作成しておくと、認知症などでお金の管理ができなくなったときや死亡後の手続きの際にも役に立ちます。

②自宅など不動産の活用

継続収入が不足する場合には、それまで住んでいた自宅を売却して資金を捻出する方法があります。自宅を残しておくのであれば、賃貸して家賃収入を得る道もあります。不動産の賃貸は空き家リスクがあり、管理の手間もかかりますが、少しでも収入が得られれば、資金計画にゆとりができます。ただし、空き家を賃貸した場合には、相続のとき「小規模宅地等の特例」は利用できません。

毎月・毎年の支出については、残高不足にならないよう気をつけます。年金等の収入が払い込まれる口座と各種費用や税金の振替口座を同じにしておく、満期金などの振込先を引き落とし口座に指定しておくなど、あらかじめ準備できる手続きは済ませておきましょう。万一のときのことを頼む人（子や孫、親族、友人、専門家など）が決まっているなら、その人を任意後見人（**Q6-6**）に指定して、万一のときの財産管理を頼んでおくという方法もあります。

収入が限られ、資産の取崩生活に入る高齢期の住み替えでは、資金計画は現役時代以上に慎重に行う必要があります。住み替えを機に、自宅や身の回りの品をすっきり処分して身軽になって次のステップに進む、という心構えも必要かもしれません。

Q5-7

資金計画において自宅を活用するには、どのような方法がありますか。

A 自宅を売却して一時金を得る方法、リバースモーゲージを利用して一時金や継続収入を得る方法、自宅を賃貸して家賃を得る方法があります。

1. 自宅売却

自宅以外の場所に住替えをする場合、売却することで一時金を手に入れることができます。長年暮らした家を手放すのは勇気がいることですし、戻る場所がなくなる不安もありますが、不動産を処分しておくと相続時の手続きが楽になります。なお、売却時には各種手数料がかかり、また売却代金には所得税・住民税がかかることもあります。

図表 5-7-1　自宅を売却して費用を捻出

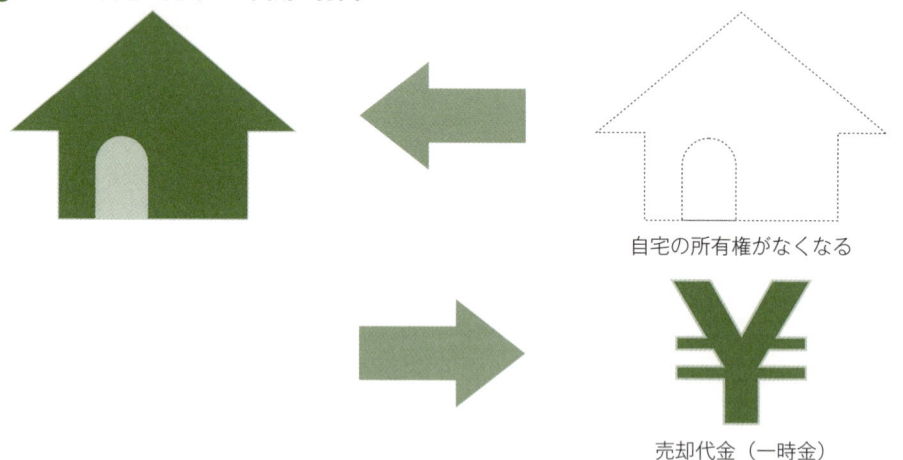

自宅の所有権がなくなる

売却代金（一時金）

メリット：自宅の価値の分の資金が確実に手に入る。
デメリット：愛着のある自宅を手放すことになる。税金がかかる場合もある。
（出所）著者作成

2. リバースモーゲージ

自宅を担保にお金を借り入れるしくみです。所定の利息や手数料、保証料等を支払います。借入人が死亡したときには、自宅を売却するか相続人が返済することにより、借入金と利息を精算します。借入金は一時金で受け取ることも、少しずつ定期的に受け取ることもできます。

3. 自宅を賃貸

住み替えで空き家になった自宅を賃貸します。愛着のある自宅を手放さずに継続収入を得られ

ますが、管理や賃貸収入の確定申告などの手間がかかり、入居者が見つからず収入が得られないリスクもあります。また、相続が発生したとき、「小規模宅地等の特例」が利用できません。50歳以上の方の自宅賃貸をバックアップするマイホーム借上げ制度を利用すると、空き家リスクは低くなり管理の手間も減らすことができます。

図表 5-7-2　自宅を担保に銀行等から借入れ

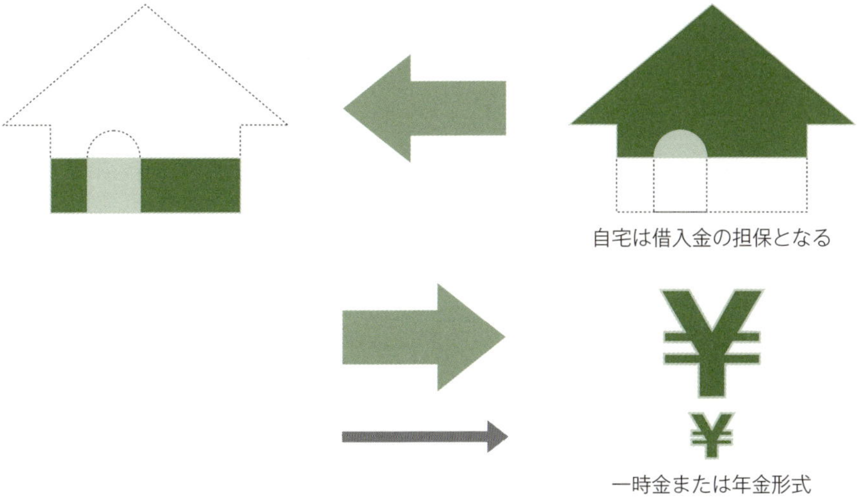

自宅は借入金の担保となる

一時金または年金形式

メリット：自宅を手放さずに資金調達ができる。
デメリット：長期間では利息負担が大きくなる。相続財産として残せない可能性も。
（出所）著者作成

図表 5-7-3　自宅を賃貸

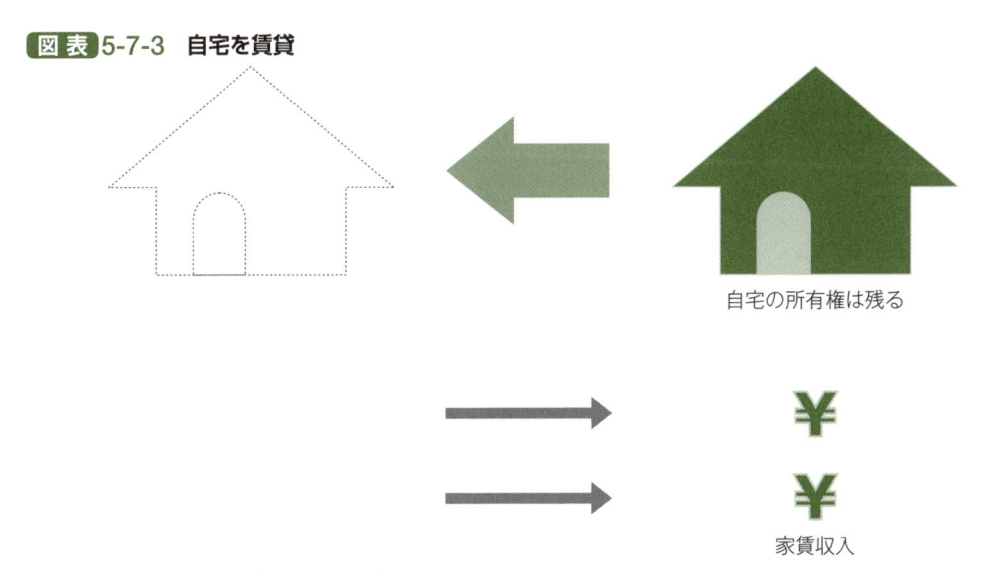

自宅の所有権は残る

家賃収入

メリット：自宅を手放さずに資金調達ができる。
デメリット：賃料収入が減ることがある。修繕費・管理費がかかる。
　　　　　　 管理や税金の申告が面倒。小規模宅地等の特例が利用できない。
おすすめ：定期借家（期限を定めた賃貸）、マイホーム借上げ制度の利用。
（出所）著者作成

Q5-8

「リバースモーゲージ」や「マイホーム借上げ制度」とは、どのようなしくみですか。

> **A** リバースモーゲージは、家を担保にお金を借りるしくみです。マイホーム借上げ制度は、家を貸したい50歳以上のシニアから家を借り上げて、若い世代に安価で貸し出す制度です。

1. リバースモーゲージ

　通常の住宅ローンは、毎月元本と利息を返済していきますが、リバースモーゲージでは契約者が生存している間は元利金を返済しないか利息のみ返済します。そして契約者が亡くなったときに、借入金と利息を精算します。精算方法は、担保となる家屋による精算（売却代金で精算）、あるいは相続人が返済するか、どちらか選択することになります。

　利用できるのは、一定の年齢以上でその家に一人暮らしあるいは配偶者と二人暮らしの人です。配偶者が契約を引き継げない場合もあるので、その場合は借入人が死亡したあとの配偶者の住まいを確保しておくことが必要です。

①国のリバースモーゲージ制度「不動産担保型生活資金貸付制度」

　借入申込者（契約者）が単独で所有または同居の配偶者と共有している不動産に居住している場合に利用できる（同居の配偶者と共有の場合、その配偶者は連帯借受人となる）。収入が少な

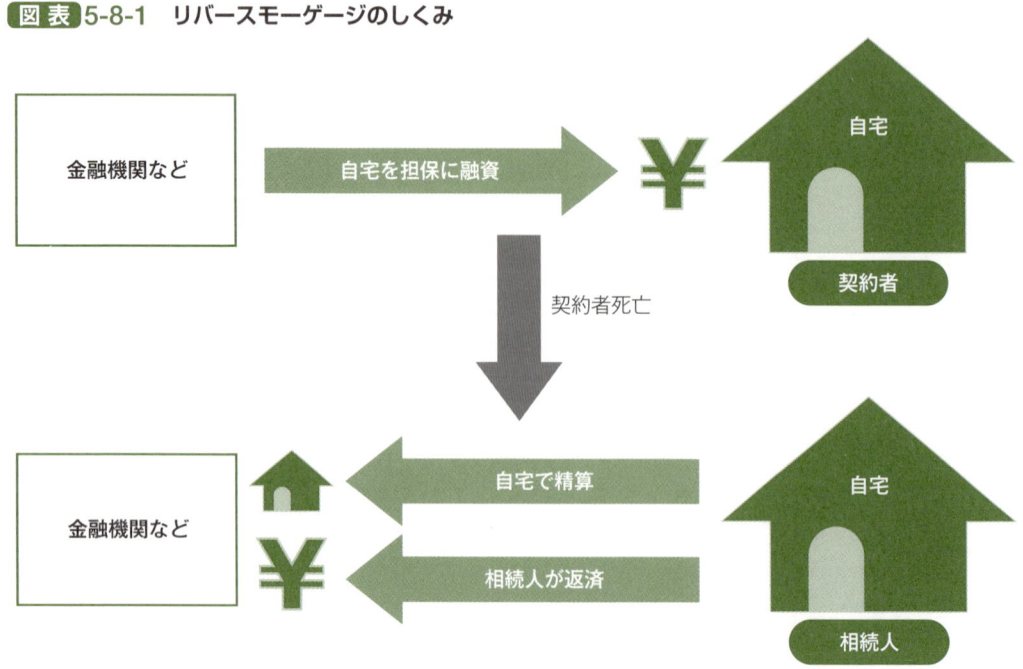

図表 5-8-1　リバースモーゲージのしくみ

（出所）著者作成

い高齢者世帯の生活支援を目的としているため、対象は住民税の非課税世帯または均等割課税程度の低所得世帯である。マンションなど集合住宅は不可。

②民間の金融機関によるリバースモーゲージ

取り扱っている金融機関はここ数年の間に増えているが、対象となる地域や不動産が限られること（都市部のみ、マンションは不可など）が多い。

2.「マイホーム借上げ制度」とは

一般社団法人移住・住みかえ支援機構（JTI）(注)が行っている、シニアのためのマイホーム借上制度です。JTIがマイホームを借り上げて、子育て世代などに貸し出すというのが、基本的なしくみです。入居者の募集や契約手続き、家賃の徴収などはJTIが行います。賃料は相場より低めになりますが、その代わり借り手が見つからず空き家になった場合でも、JTIから保証された最低家賃相当分を受け取ることができる安心感があります。

対象となるのは、原則として50歳以上の方のマイホームです。投資用マンションや別荘などマイホーム以外は対象になりませんが、現在は事情があって住んでいない場合でも、マイホームとみなされる物件であれば利用できます。

制度利用者が死亡するまでの終身借家契約です。途中で家に戻りたくなった場合には、借りている人の契約更新のタイミングで終了できます。

一方、借りる側は3年間の定期借家契約ですが、3年ごとの更新時には優先的に再契約できることになっています。期限を区切った定期借家契約であるため、相場より安い家賃で借りられること、敷金や礼金が必要ないといったメリットがあります。

図表 5-8-2　マイホーム借上げ制度の概要

対 象 者	日本に居住する50歳以上の人、または海外に居住する50歳以上の日本人
対象となる住宅	一戸建て、マンション ・一定の耐震性が必要　→　補強工事を行えば利用できる ・抵当権が設定されていない物件　→　住宅ローンが残っていても、提携ローンへの借り換えで利用可となる場合もある
契約形態	終身型契約（途中で契約終了も可）または期間指定型契約
相　　続	配偶者や子に相続可能。条件を満たせば制度の継続利用も可 （ただし相続人が50歳未満のうちは家賃保証が受けられない）
手数料等	所定の管理手数料をJTIに支払う 住宅の性能を維持するためのメンテナンス費が別途かかる場合がある

（注）一般社団法人移住・住みかえ支援機構（JTI）
　　　移住シニア（50歳以上）のマイホームを借り上げ、賃料保証をする非営利の法人として、住宅メーカーや不動産会社、金融機関を中心に平成18年4月に設立された。利用者への支払いを保証するための内部準備金として、国から資金の提供（国の基金）を受けている。

Q5-9

リフォームにはどれくらいの費用がかかりますか。また、利用できる助成等はありますか。

> **A** リフォーム費用の平均額は一戸建ては838.5万円、マンションは597.1万円となっています。増改築や大規模修繕であれば、3～6割で1,000万円超の費用がかかっています。一定の高齢者や要介護認定を受けた人が住む家をバリアフリー仕様にリフォームする場合には、条件を満たせば介護保険や自治体から助成金を受け取れます。

1. リフォーム費用

　一般社団法人住宅リフォーム推進協議会の「平成25年度住宅リフォーム実例調査」によると、1回のリフォームにかかった費用の平均額は796.3万円です。価格帯で見てみると3割以上が1,000万円超かかっている一方で、300万円以下も約4分の1を占めるなど幅広く分布しています。

　形態別に見ると、戸建てが838.5万円に対して、マンションは597.1万円と、戸建てのほうが平均で約240万円高くなります。マンションの場合、修繕積立金を毎月支払っていますが、共有部分の修繕は積立金でまかなうためリフォームは専有部分のみです。逆に戸建ては、外壁や屋根など外回りの部分の修繕も必要になるため、費用が高額になる傾向があります。

　キッチンやバス、トイレなどの水回りのリフォームは、設備の購入費用もあるため、面積あたりの費用は高めになります。かかる費用は設備のランクにもよりますが、国土交通省の「増改築・改装等実態調査」（平成18年）によると、1件あたりの平均工事額は、キッチン206万円、バスルーム177万円、トイレ99万円なので、合計すると482万円となります。水回り全てをリフォームした場合には、500万円前後の費用がかかることになります。住みにくさを解消するための部分的な修繕であれば、以下の助成金などを利用して負担を抑えることができます。

2. バリアフリー化リフォームに使える助成金等

　要介護と認定された場合、介護保険から住宅改修のための助成金を受け取ることができます。要介護と認定されない場合でも、自治体独自の制度から助成金が受けられる場合があります。

　これらの助成金を受け取るには、工事前に申請することが必要です。対象となる工事であっても事後申請は原則として認められないので注意が必要です。対象や手続きは市区町村により異なりますので、事前にお住まいの市区町村役場の窓口で確認してください。

（1）住宅改修のための助成金（介護保険の制度）
〈給付対象となる改修工事の例〉
　　○廊下や階段、浴室、トイレ、玄関まわり等への手すりの設置
　　○段差解消のための敷居の平滑化、スロープ設置、浴室床のかさ上げ等
　　○滑り防止、および円滑な移動のための床材の変更（畳・じゅうたん→板材等）

○扉の取替え（開き扉→引き戸・折り戸等、ドアノブ交換、戸車設置等）
○洋式便座等への便器の取替え
○上記の住宅改修に付帯して必要となる改修
　（下地補強、給排水設備工事、路盤整備、壁／柱／床材の変更等）

図表 5-9-1　住宅改修のための助成金（介護保険の居宅介護住宅改修費）の概要

対象者	要介護認定を受けている方（要支援1・2　要介護1〜5）
対象となる工事	厚生労働省による住宅改修告示に準拠した改修
金額	改修費用（上限20万円）の8〜9割（実質上限16万〜18万円）が支給される 利用者負担は1割（平成27年8月からは、一定以上の所得者は2割）

(2) 住宅改修予防給付（自治体の制度）

〈給付対象となる改修工事の例〉
　○手すりの取付け
　○床段差の解消
　○滑止めのための床材の変更
　○引き戸への扉の変更　等

図表 5-9-2　住宅改修予防給付（自治体の制度）の概要

対象者	65歳以上で、日常生活の動作に困難がある高齢者（介護保険非該当）
対象となる工事	転倒予防、介護の軽減のため床の段差解消等の住宅改修
金額	改修費用の9割が支給（上限あり）、利用者負担は1割 上限額は、自治体により異なる。

※このほか、住宅設備改修について給付金が受けられる自治体もあります。

3. バリアフリー改修促進税制

　一定の条件を満たす住宅リフォームを行った場合には、「特定増改築等住宅借入金等特別控除」または「住宅特定改修特別税額控除」を利用できます。

図表 5-9-3　特定増改築等住宅借入金等特別控除の概要

控除対象 借入金等の額	バリアフリー改修工事（手すりの設置等）を含む増改築のための借入金等 （償還期間5年以上、死亡時一括償還も可）の年末残高
対象	一定の居住者（50歳以上の者等）がマイホームに対して行う増改築等
適用居住年控除期間	5年間：平成26年4月1日〜平成29年12月31日居住分
控除額等 （税額控除）	特定増改築等住宅借入金等の年末残高の合計額（最大250万円）×2％（A） と {増改築等住宅借入金等の年末残高の合計額（最大1,000万円）−（A）}×1％ の合計額 （最大年12.5万円、5年間で最大62.5万円）

※住宅ローン等の借り入れがなくても利用できる「住宅特定改修特別税額控除」のバリアフリー改修工事の場合の控除限度額は、最大20万円

Q5-10

二世帯住宅を建てるときにはどのようなことに気をつけたらよいですか。

A 親子といえども別々の世帯であることを忘れずに、それぞれの家族の生活スタイルやプライバシーに配慮して間取りを工夫しましょう。きょうだいが複数いて親の土地に二世帯住宅を建てる場合には、相続時のトラブルを避けるよう配慮することも必要です。

1. 二世帯住宅のメリットとデメリット

　同じ敷地に2件分の住まいが確保できる二世帯住宅は、土地の取得費や建築費が節約できる、助け合って暮らしていけるなどのメリットがあります。その一方で、お互いの生活スタイルや考え方の違いから大小のトラブルが起きる例も少なくありません。二世帯住宅にはいくつかのスタイルがありますが、それぞれの違いと注意点をみていきます。

2. 二世帯住宅のパターン

(1) 連棟タイプ

　左右に2軒の家がくっついて建てられていて、隣り合って暮らします。独立性が高く、上下住み分けタイプより騒音などのトラブルは少ないものの、階段が2箇所になるので狭い敷地には不向きです。区分登記（親世帯・子世帯の居住部分を別々に登記すること）ができるため、1つの住宅でも2戸とみなされ、ローンの借入れや税制優遇などは2世帯それぞれが利用できます。

(2) 上下住み分けタイプ

　例えば1階は親世帯、2階は子世帯というように住み分けます。それぞれの世帯が1つのフロアで生活できるので、家事などが楽で部屋が広く使えるメリットがある一方で、騒音トラブルには注意が必要です。木造住宅の場合は上の階の物音は想像以上に下の階に響くものです。子どもが走り回る音や掃除機や洗濯機の音、シャワーを浴びる音、トイレを流す音など、普段の生活音でも生活時間がずれることでうるさく感じる場合もあります。2階の水まわり関係の設備は1階の寝室の上に置かないなど、設計の際には注意が必要です。

①玄関別タイプ

　完全に世帯を分ける建て方で、区分登記ができます。1階に玄関を2つ作るタイプと、外階段を設けて、上下それぞれに玄関を作るタイプがあります。区分登記ができるため、1つの住宅でも2戸とみなされ、ローンの借入れや税制優遇などは2世帯それぞれが利用できます。

②玄関共有タイプ

　玄関は1つで、内部の生活スペースを分けているタイプです。各戸が完全には独立していないため、区分登記はできません。一方をミニキッチンやシャワールームだけにするなど、独立性を確保しながらも共有部分を多くすることでスペースを節約できます。ただし、日常的な交流が増えることから、費用や家事の分担などの生活のルールをあらかじめ決めておかないと、大きなト

ラブルに発展することもあります。
　なお、(1) 連棟タイプと (2) ①玄関別の上下住み分けタイプの場合、外に出なくても行き来できるように、両世帯をつなぐ扉を設けることもできます。ただし、それぞれが独立した住宅とみなされるためには、扉にカギをつけておくことが必要です。

3. 二世帯住宅を建てるときに役立つ制度

(1) 税金の軽減措置
　下記の軽減措置について利用できる場合があります。
・不動産取得税………一定の条件を満たした新築住宅は、不動産の価格から1,200万円を控除した金額に税率をかけて不動産取得税を計算する。
・土地の固定資産税…一定の住宅用地については、200㎡までの部分を6分の1に評価減した金額に税率をかけて計算する。
・建物の固定資産税…新築住宅については、最初の3年間、床面積の120㎡まで固定資産税が2分の1になる特例がある。

(2) 親子リレーローンと親子ペアローン
　リレーローンは親のローンを子が受け継ぐ借入方法です。子どもは連帯債務者となります。また、完済時の年齢制限は子が80歳までとなるので長期の借入れが可能です。
　ペアローンは、1棟の二世帯住宅のローンを親と子で別々に借りるものです。住宅ローン控除は親子それぞれ受けることができます。

4. その他の注意点

(1) 名義
　名義は資金を出した割合で登記するのが基本です。住宅取得等資金の贈与の特例などを利用すれば、親が出資した分を贈与税非課税で子どもの名義にすることも可能です。

(2) 相続に備えておく
　同居している子どもが住み続けられるように、遺言書を残すなど、相続対策を行っておきましょう。なお、二世帯住宅でも同居とみなされ、小規模宅地等の特例の対象になります。

(3) お金や生活面のルールを決めて、トラブルを回避する
　二世帯住宅ではお金や生活スタイルの違いによるトラブルが起こりがちです。電気やガス、水道などは、世帯ごとにメーターを別に設けて、世帯ごとに支払うようにしましょう。その他の費用についても、あらかじめどうやって負担するか決めておくとよいでしょう。
　また、異なる家庭が同じ建物に住むわけですから、誰かが寝ている時間帯は大きな音を出さない、庭など共用部分の掃除担当など、生活していく上での基本的なルールを決めておくことで無用なトラブルは避けられます。
　親子だからと甘えすぎず、お互いを思いやって生活していくことが大切です。

第6章 高齢期の財産管理等

若色 信悟

Q6-1

自分の財産を把握するにはどうすればよいでしょうか。

> **A** 常日頃から自分の財産がどのくらいあるのか、財産の棚卸しを行い、家計の貸借対照表を作成することをお勧めします。万一の場合の相続のために、そして多様化した金融商品の管理のために貸借対照表は不可欠のものです。

1. 財産の所有形態は多様化している

　昭和の高度経済成長期から財産の所有は3分法といわれました。①預貯金、②株式、③不動産（土地など）による3つの形態です。しかし、金融の自由化や国際化によって、多くの金融商品が開発され、また、生命保険や損害保険の一部には財産となるものもあります。株式や債券による投資信託も数多く存在します。そしてこれらの金融商品の中には外貨によるものもあります。このように金融商品は多様化しましたが、都会と地方の富裕層では財産の所有形態も異なっているのが現実で、農家などでは財産3分法的な考え方も根強く、伝統的に土地の比重が多くなっています。

2. 財産管理の必要性

（1）相続のために

　残された家族にとって、多くの財産を所有している場合に最も問題となるのは、突然亡くなった際に財産の所在が判明しないことです。相続税の納付は死亡してから10カ月以内に行いますが、そのためには相続税がかかるのかどうかを判断するため、遺産の評価を行わなければなりません。しかし、遺された財産が不明であると銀行や証券会社、保険会社、不動産の登記などを調べなければならず、それは遺族にとって大変な作業です。特に農家などでは、例えば祖父が亡くなって

図表 6-1-1　家計の貸借対照表作成上の注意点

①現在の日付（平成○○年○○月○○日）と単位を必ず記入します。
②家計経済（パーソナルファイナンス）では、夫と妻の財産を貸借対照表に計上します。
③企業会計では原則として取得原価で計上しますが、家計経済では時価により計上します。
④生命保険や積立型の損害保険商品も、解約返戻金を資産として計上します。
⑤住宅ローンは、団体信用生命保険に加入していても、負債として計上します。
⑥債務保証は貸借対照表には計上しませんが、注記しておきます。

（出所）著者作成

からすでに50年が過ぎて、父親が財産の所在を明らかにせず急逝した場合、残された相続人にとって、田畑はともかく、山林などがどこにあるのか全くわからないということもあります。

(2) リスク管理のために

金融の自由化によって多くの金融商品が生まれ、財産の所有形態は多様化してきました。また、円はドル、ユーロなどの主要通貨とともに地球上を駆け巡り、通貨の価値も日々変化し、これによって企業の業績も影響されます。先進国の多額の赤字国債は、国債といえどもリスクを考慮しなければならない時代になってきました。このように財産管理は一昔前と比較にならないほどに複雑で難解なものになっています。銀行預金は元本保証の安全な金融商品ですが、保証されているのは1銀行1人当り1,000万円とその利息までです。また、不動産については少子化によって賃貸物件の空室リスクも多くなっています。時代の変遷と環境の変化に合わせて、財産を管理しなければならなくなってきています。

3. 家計の貸借対照表を作成しよう

財産の一覧表を財産目録といいますが、住宅ローンやカードローン等の負の財産もあります。場合によってはある人の債務を保証していることもあります。そこで、資産と負債、その結果の正味財産、つまり純資産を示す貸借対照表を作成しておくのが理想です。一般的な家計の貸借対照表作成においては、次の点（図表6-1-1）に注意しましょう。

なお、この貸借対照表は家計の財産把握の観点から作成したもので、相続税を計算する場合は、被相続人（亡くなった方）名義の財産について、国税庁の財産評価基本通達によって評価します。

図表 6-1-2　家計の貸借対照表の例

○○家の貸借対照表
平成△年□月×日現在
（単位：千円）

資産	夫	妻	合計	負債・純資産	夫	妻	合計
金融資産				負債			
預貯金	65,000	10,200	75,200	住宅ローン	8,700	−	8,700
国内株式	10,650	−	10,650	アパートローン	12,900	−	12,900
生命保険	3,500	450	3,950	自動車ローン	1,500	−	1,500
不動産				負債合計	23,100	−	23,100
宅地	17,200	5,500	22,700	純資産	110,350	17,000	127,350
建物	35,600	−	35,600				
動産	1,500	850	2,350				
資産合計	133,450	17,000	150,450	負債・純資産合計	133,450	17,000	150,450

（※）夫は甲さんの債務10,000千円について保証人となっている。

Q6-2 財産を整理したいのですが、どのようにすればよいでしょうか。

A 人生の後半期になり、老後の設計とともに自分の財産をどうするかを考えるためには、老後の生活費、相続税の納税対策、農家や企業オーナーの場合には後継者としての子のライフプランも含めて総合的に検討する必要があります。企業オーナーの後継者問題では、自社株の問題もあり、目標達成には約10年かかるといわれます。早い段階から対応すればそれだけ目標を達成する可能性が高くなり、老後の生活の不安を解消することができます。

1. 老後の準備資金はどのくらい必要か

60歳になった時点で老後に必要な資金額はどのくらいか、その概算額の求め方は次のようになります。

〈老後の必要準備資金額＝①老後の必要資金額－②老後の収入額〉

①老後の必要資金額

毎月の生活費（29万円[注1]）×夫60歳の平均余命（23年間[注2]）＋29万円[注1]×0.7[注3]×夫死亡時の妻年齢の平均余命＋その他の支出[注4]

②老後の収入額

公的年金、企業年金、個人年金、その他の収入

2. 財産整理のポイント

老後の必要な準備資金額がわかったら、自分の財産の時価評価額を求めましょう。わが国では不動産の割合がかなり大きくなっています。また都会と田舎では財産所有の形態も違います。老後に向けての財産管理のポイントをみていきます。

(1) 不動産への対応

農家などは別として、一般家計における土地・自宅などの不動産の保有は、自分の老後のライフプランと照らし合わせて検討する必要があります。まず、土地については老後資金への換金性、相続の場合における分割性、今後の少子化時代を迎えての資産価値などを考えると多くのデメリットも考えられます。よって処分することも考慮しましょう。また、自宅についても所有にこだわらず、老後の生活に見合った住居や流動資金の確保も考慮して、賃貸物件や小規模住宅、夫婦で入居できる老後施設への移行も考えてみましょう。

(2) 借入金の返済、貸付金の回収

(注1) 総務省平成25年度家計調査による
(注2) 平成25年簡易生命表による男子60歳の平均余命
(注3) 妻の生活費は夫婦時代の約70％とする
(注4) その他の支出としては趣味旅行300万円〜、医療・介護の予備費200〜300万円、住宅の維持費500万円、老後施設入所一時金500〜1,000万円、夫婦の葬儀費用等500万円、成年後見制度の利用費300万円などが考えられる

住宅ローンやその他の借入金などは、できるだけ早めの返済をしておきます。金利負担もさることながら、万一の場合、相続時に煩雑さを伴います。株式投資など資産運用のために借入れをしている場合も、不確実性ゆえ、整理していきましょう。一方、貸付金がある場合も信頼できる共通の第三者の仲介などによって早めに回収をしましょう。時効の問題もあり、相続後ではなおさら解決しにくくなります。

(3) 管理コストがかかる資産の処分

相続で取得した土地が田舎に数百坪あるということは珍しいことではありません。これについて毎年、固定資産税や市街化区域なら都市計画税も課され、10年、20年となるとその金額も大きくなります。また、金融商品でも手数料などの保有コストが高い商品や、収益性の低い商品もあり、これらは老後にはふさわしい資産といえません。資産をもつとコストがかかるため、保有の是非は投資利回りで判断しなければなりません。この点に留意して財産管理にあたる必要があります。

(4) 資産の所有関係の明確化

相続で分割が終了していない相続財産、自分の財産ではあるものの名義の書換えがなされずに他人名義となっている財産、借地権の上に建っている未登記の建物（建物の登記によって借地権の第三者への対抗力を有します）、土地の境界線が不明確な場合などは、現有の不動産について所有権登記を行い明確にしておきましょう。

(5) その他

多くの預金口座の集約、多くのクレジットカードの整理、不要なゴルフ会員権の整理、社交クラブ会員の整理など、財産管理の一環として自分の老後のライフプランに合わせて、これらも整理しましょう。

3. 不動産の譲渡と税金

土地・建物を譲渡した場合の所得は、給与所得や事業所得等の総合課税から分離し、その所有期間によって短期譲渡所得と長期譲渡所得に分かれ、特別な税率で課税されます。また、不動産仲介料の支払いもあり、譲渡した場合の手取りは相当少なくなることに留意してください。

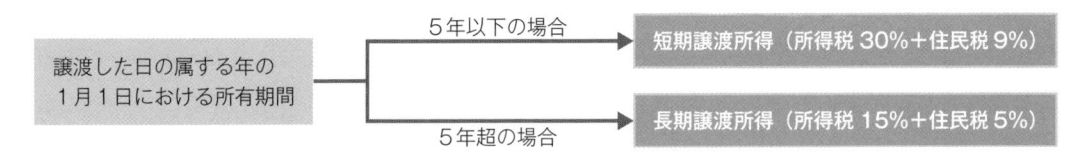

譲渡した日の属する年の1月1日における所有期間
- 5年以下の場合 → 短期譲渡所得（所得税30%＋住民税9%）
- 5年超の場合 → 長期譲渡所得（所得税15%＋住民税5%）

なお、居住用財産の譲渡の場合は税制の優遇があり、代表的なものとして以下のようなものが挙げられます。

① 短期・長期にかかわらず譲渡益から3,000万円の特別控除
② 譲渡した年の1月1日おける所有期間が10年超の譲渡所得には、3,000万円の特別控除後の譲渡益のうち6,000万円以下の部分に対して14%（所得税10%、住民税4%）の軽減税率の適用

※上記の所得税の他に復興特別所得税として、所得税の2.1%相当が上乗せされます。

Q6-3

成年後見制度とはどのような制度ですか。

A 私たちの日常生活は全て契約行為によって営まれています。スーパーでの買い物も、バスに乗るのも、意識はしていませんがこれらは契約行為です。契約行為は、当事者の判断能力がしっかりしていることを前提としています。この判断能力に問題が生じると、悪質商法などの被害に遭うケースもあります。そこで、判断能力が不十分な方の身上監護（生活や療養看護のこと）や財産管理についての権利を守る制度が成年後見制度です。

1. 成年後見制度の対象者

　未成年者も判断能力が不十分です。しかし、未成年者には親がおり、親がいない場合には未成年後見人がつきます。成年後見制度は成年者で判断能力が不十分な方を対象とした制度です。対象となるのは主に知的障害者、精神障害者、認知症高齢者で、その他に自閉症、事故による脳の損傷や脳疾患による精神上の障害のある方も含まれます。

　厚生労働省の平成17年度調査によると、知的障害児（者）数は約55万人（うち18歳以上約41万人）です。

　一方、精神障害者数は厚生労働省の平成23年の調査によると約320万人（うち20歳以上約301万人）となっています。また、厚生労働省の研究班の調査推計によると、平成24年時点での65歳以上の認知症高齢者数は462万人としています。

　この制度が進んでいる先進諸国を参考とすると、人口の1％以上の利用が見込まれます。しかしながら現在、日本では、人口の1％である約128万人に対して、この制度の利用は約17.7万人（最高裁判所発表、平成25年12月末現在）です。今後、高齢者人口の増加で、認知症の数はさらに増加するものと予想され、制度の普及が望まれます。

2. 成年後見制度の基本理念

　判断能力が不十分な方のための制度としては、従来、禁治産制度、準禁治産制度がありました。しかし、この制度は財産の保護に中心がおかれ、生活面への配慮が乏しく、また「財産を治めることを禁ず」というように、法の理念としても人権の尊重に欠けていました。そこで平成12年4月から新しく成年後見制度が施行されました。そこで採られている新しい法の理念は次の3つです。

①ノーマライゼーション（健常者と同じように生活できる社会を）
②自己決定権の尊重（行政による措置でなく、自分で決めよう）
③残存能力の活用（もって生まれたその人の潜在能力を活かそう）

3. 成年後見制度は２つに分類される

　成年後見制度には、法定後見制度と任意後見制度の２つがあります。
　法定後見制度は、すでに判断能力の不十分な方が利用します。これに対して任意後見制度は、将来、認知症などにより判断能力が不十分になった場合に備えて、誰にお世話になりたいのか、どのような生活をしたいのか、元気なうちに自分のライフプランを自分で決めるのに利用されます。人生を有意義に過ごすために、任意後見制度は「転ばぬ先の杖」として機能します。

4. 成年後見制度を利用するには

　支援者、つまり後見人になるために、法律上の特別な資格は必要ありません。法定後見制度では、家庭裁判所によって、多くの場合、申立時に提出する親族等の候補者が選ばれます。しかし必ずしもそのとおりになるとは限りません。最近では親族に限らず、身近な市民の中から後見人を選ぶ動きも出てきています。また、社会福祉協議会などの法人も後見人になることができます。身寄りのない方については、市区町村長が家庭裁判所に後見人をつけてほしいと申立てを行い、家庭裁判所が弁護士や司法書士、社会福祉士などから選任します。
　任意後見制度では、障害者や高齢者の入居施設、財産管理に詳しいファイナンシャル・プランナーに相談するとよいでしょう。その他成年後見制度については以下でサポートしています。

○各市区町村の社会福祉協議会
○公益社団法人　成年後見センター・リーガルサポート　http://www.legal-support.or.jp/
○公益社団法人　日本社会福祉士会　http://www.jacsw.or.jp/
○日本弁護士連合会　http://www.nichibenren.or.jp/
○一般財団法人　民事法務協会　http://www.minji-houmu.jp/
○各地の市民後見を推進しているNPO法人
　http://www.shimin-kouken.jp/activity/organization.html

図表 6-3-1　法定後見制度と任意後見制度

法定後見制度	すでに判断能力が不十分になっている方を対象に、家庭裁判所がその人の支援者を選任し、その支援者が、その人の身上監護や財産管理について法的な事務行為をする制度。対象者の判断能力のレベルによって後見・保佐・補助の３類型がある。
任意後見制度	判断能力があるうちに、自分の判断能力が低下した場合に備えて、身上監護や財産管理について、支援してもらう任意後見人を選んでおき、実際に判断能力が衰えたら、任意後見人が任意後見監督人の監督を受けながら、その人の法的な事務行為をする制度。

（出所）著者作成

Q6-4

法定後見制度とはどのような制度ですか。

A 法定後見制度は、支援を受ける人（以下「本人」といいます）の判断能力が不十分な状態にある場合に、本人または配偶者、4親等内の親族などからの家庭裁判所への申立てによって、家庭裁判所が支援者を選任し、支援者が本人の身上監護や財産管理について法的支援をする制度です。

1. 法定後見制度の3類型

法定後見制度は、判断能力のレベルに応じて後見・保佐・補助の3つに分かれ、支援する人を成年後見人・保佐人・補助人、支援を受ける人を成年被後見人・被保佐人・被補助人といいます。そして支援する人には原則として監督人が付きます。

2. 対象者の判断能力のレベル

本人の判断能力がほとんどなく、日常会話がなりたたない状態は、後見の対象となります。

本人の判断能力が、1万円札と5千円札の区別ができないほど著しく不十分で、重要な財産の処分を自分では判断できない状態は、保佐の対象となります。

本人の判断能力が不十分で、預貯金の管理にも不安があり、重要な財産の処分の判断ができないことはないが自信がないといった状態は、補助の対象となります。

3. 支援者の権限

支援者の権限には同意権、取消権、代理権があります。本人の判断能力のレベルと法律行為の内容によって、実行できる支援が変わります（**Q6-5**）。

4. 法定後見制度の利用を申し立てられる人

この制度を利用するには家庭裁判所へ申立てを行い、その審判を受けます。申立てができる人は、本人・配偶者・4親等内の親族（兄弟姉妹やその子・孫、従兄弟など）となっています。し

図表 6-4-1　法定後見制度の3類型

	法定後見制度		
	後見	保佐	補助
本人の状況	判断能力がほとんどない	判断能力が著しく不十分	判断能力が不十分
対象者の呼称	成年被後見人	被保佐人	被補助人
支援者の呼称	成年後見人	保佐人	補助人
監督人	成年後見監督人	保佐監督人	補助監督人

(出所) 著者作成

かし、実務上、判断能力がほとんどない後見レベルでは、本人が自ら申し立てるのは困難です。身寄りのない方に対しては、市区町村長が申立人になることができます。

5. 家庭裁判所が選任する支援者

　支援者（成年後見人・補佐人・補助人）になるための法律上の資格は特にありません。大きく分けて親族後見人と弁護士等の専門職後見人の2つに分かれます。親族後見人は、この制度を利用する際の申立時に提出される親族等の候補者に対して、家庭裁判所が選任します。しかし、必ずしもその候補者が選ばれるとは限りません。最近では親族に限らず、身近な市民の中から後見人を選ぶ動きも出ています。なお、支援者等にはNPOなどの法人がなることも可能です。また、人数も1人に限らず複数で選ばれる場合もあります。

6. 後見等の開始にかかる期間

　家庭裁判所へ申立てをして、成年後見制度が開始されるまで、3～4カ月はみておきましょう。なお、審判が下りても、2週間は即時抗告期間があり、誰からも不服がないなら審判が確定します。審判確定後は、家庭裁判所が東京法務局へ登記嘱託をして、登記が完了するまでに1～2週間かかります。支援者の実際の活動には、後見登記事項証明書が必要で、それを取得するためには、審判後、即時抗告期間と登記期間で約1カ月はみておきましょう。

7. 鑑定について

　法定後見等の申立てには、家庭裁判所へ所定の診断書を提出します。それとは別に、後見・保佐のケースでは本人の状況を詳しく知るため医師による鑑定が必要な場合がありますが、現在では申立件数の10％程度です。

8. 法定後見の費用

　後見申立ての手続費用は、**図表**6-4-2のとおりで、原則として申立人が負担します。後見人等や後見監督人等への報酬は本人が負担します。金額は家庭裁判所が後見人等の事務量や本人の金融資産規模等から判断して決めています。東京家庭裁判所は平成25年1月に、成年後見の基本報酬のめやすを月額20,000円と公表しました。

図表 6-4-2　法定後見の費用

・申立手数料	800円
・登記手数料	2,600円
・通信費	4,000円前後
・成年後見申立用診断書	10,000円程度
・後見と保佐で鑑定が必要な場合の鑑定料	50,000円～100,000円

（出所）著者作成

Q6-5

法定後見制度を活用すると、どのようなことをしてもらえるのですか。

A 本人の生活や療養、財産の管理に関する契約において、それが本人の不利益にならないよう、支援者（成年後見人、保佐人、補助人）に事前にチェックしてもらったり、契約の代理人になってもらったりすることで、本人が安心して生活することができます。

1. 支援者の権限について

　支援者には、支援を受ける人（以下「本人」といいます）の権利を守るために同意権・取消権・代理権が与えられますが、本人の判断能力の程度に応じて、支援内容も異なってきます。

(1) 同意権・取消権

　同意権とは、本人の一定の法律行為に支援者の同意を必要とすることです。取消権とは、本人の行った法律行為を取り消すことができる権利です。

　後見の場合、常時判断能力がないため、取消権は日常生活に関するものを除いて全ての法律行為に認められています。

　保佐の場合、借入れや保証をするなど民法13条1項の9つの重要な法律行為については、保佐人の同意が必要です。

　補助の場合、借入れや保証をするなど民法13条1項の9つの重要な法律行為の一部の行為について、補助人の同意が必要です。保佐と補助では、取消権が及ぶ範囲は同意が必要な一定の法律行為の範囲に限ります。

　なお、補助の場合は本人に不十分ながらも判断能力があるため、家庭裁判所への後見人等開始の申立てと、「特定の法律行為に支援者の同意が必要である」ということに本人が同意していなければなりません。これに対して、保佐の場合は判断能力が著しく不十分なため、本人の同意は不要です。

(2) 代理権

　代理権は本人の法律行為について支援者が代理人になる権限です。後見では財産に関する全ての行為に対して、支援者に代理権が与えられます。これに対して保佐・補助では申立によって家庭裁判所が定めた特定の法律行為についてのみ代理権が与えられます。また、支援者が特定の法律行為について代理権をもつためには、補助・保佐のいずれも本人の同意が必要です。

　以上の支援者の権限などをまとめると 図表 6-5-1 のとおりになります。

2. 重要な取引行為（民法13条1項の行為）とは

　民法13条1項で定める9つの重要な法律行為とは、以下の行為です。
①借金の返済を受けたり、不動産や金銭の貸付けをしたりすること
②借金をしたり、保証人になったりすること

③不動産など重要な財産の売買をすること
④訴訟行為をすること（裁判を起こすこと）
⑤贈与契約や和解契約をすること
⑥相続の承認や放棄、遺産分割をすること
⑦贈与や遺贈を放棄し、負担付き贈与や負担付き遺贈を受けること
⑧新築、改築、増築または大修繕をすること
⑨建物については3年、土地については5年を超える期間で賃貸借をすること

3．支援者ができないこと

支援者である後見人・保佐人・補助人は、次の行為ができません。

（1）実際の介護・看護等の事実行為

支援者が行うのは、一定の範囲での法律上の契約行為であり、事実行為（実際の介護・看護等）は含まれません。支援者が行うのは、事実行為を実際に行う人と本人との契約を代理することです。

（2）本人の保証人になること

施設の入所等で、本人の保証人や身元引受人になることを要請される場合がありますが、これらは後見人の権限からは逸脱するものです。

（3）本人の一身専属的な結婚、離婚、養子縁組など身分行為に意思表示をすること

（4）手術等医療行為に対して同意すること

（5）本人の日常品の購入その他日常に関する行為についての取消しをすること

4．「居住用不動産を処分する場合の家庭裁判所の許可」について

成年後見人、不動産の売買の代理権を与えられた補助人・保佐人が、居住用不動産を処分する場合は、家庭裁判所の許可が必要になります。

図表 6-5-1　法定後見の3類型における支援者等の権限

	法定後見制度		
	後見	保佐	補助
本人が支援者の同意を必要とする法律行為の範囲	判断能力がほとんどないため、支援者の同意を得れば成立する法律行為はありません	重要な法律行為（民法13条1項）	特定の法律行為（民法13条1項の一部の法律行為）
上記の申立て・審判時の本人の同意		不要	必要
取消権	あり（本人・成年後見人）	あり（本人・保佐人）	あり（本人・補助人）
支援者の代理権の範囲	全ての法律行為	特定の法律行為（申立てによって家裁が審判した特定の法律行為）	特定の法律行為（申立てによって家裁が審判した特定の行為）
上記の申立て・審判時の本人の同意		必要	必要

（出所）著者作成

Q6-6

任意後見制度とはどのような制度ですか。

> **A** 本人が判断能力のある元気なうちに、将来の判断能力の低下に備えて、あらかじめ自分が選んだ支援者に、自分の生活・療養看護や財産管理について委任する契約を結び、実際に判断能力が不十分になったときに、家庭裁判所が選任する任意後見監督人の監督のもとで支援を受ける制度です。

1. 任意後見制度の意義

　自分の面倒を将来みてもらいたい信頼できる人がいても、自分の意思がはっきりしなくなってからでは、その人と契約を結ぶことはできません。そこで、将来に備えて、意思がしっかりしているうちに契約するのがこの制度の特徴です。この制度を効果的に利用するには、自分が将来、どのような生活をしたいのか、自分のライフプランを具体的にもつことが重要です。支援者は自己決定権の尊重という法理念のもとに本人を支援します。

2. 任意後見制度の手続き

　任意後見制度の利用は次の手続きによります。
①本人と支援者の話合いにより、委任内容を具体的に決める
②本人と支援者が公証役場にて任意後見契約書を公正証書で作成する（契約によって支援者は任意後見受任者となる）
③公証人から東京法務局に任意後見契約の登記委嘱が行われる
④本人の判断能力が不十分になったら、本人や配偶者などから家庭裁判所に任意後見監督人選任の申立てをする（この場合、意思表示が不能の場合を除いて本人の同意が必要）
　＊申立てができるのは本人・配偶者・4親等内の親族・任意後見受任者です。
⑤家庭裁判所での任意後見監督人の審判・確定によって、家庭裁判所から東京法務局へ本人、任意後見人、任意後見監督人の登記委嘱が行われる
　＊任意後見監督人の選任では、法定後見と異なって、審判による2週間の即時抗告期間がありませんので、審判と同時に確定します。
⑥登記完了をもって任意後見契約が効力を発する（任意後見受任者は任意後見人となる）

図表 6-6-1　任意後見契約の締結と効力の発生の関係

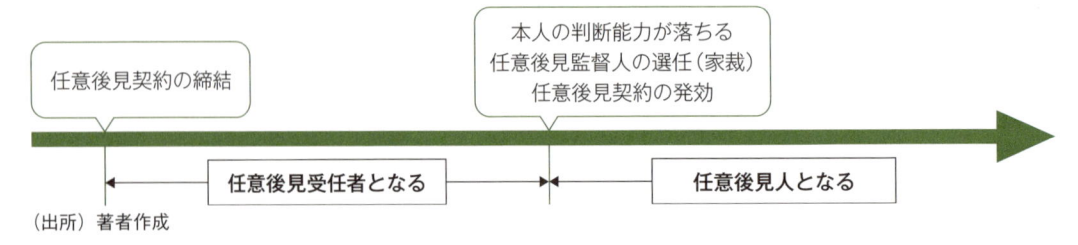

（出所）著者作成

3. 任意後見受任者（任意後見人）や任意後見監督人になれる人

(1) 任意後見受任者（任意後見人）になれる人

　どんな人にお世話になりたいかであり、基本的には本人の自由な選択によります。一般的には本人の親族、知人、弁護士・司法書士等の法律実務家、社会福祉士等の福祉専門家、ライフプランと財産管理を専門とするファイナンシャル・プランナーなどです。また、受任者は1人でも複数でもよく、法人でも構いません。しかし、その人に不適任の事由があるときは任意後見監督人の選任・審判の段階で却下され、任意後見契約の効力が生じないことになります。不適任者としては、未成年者、家庭裁判所で免ぜられた法定代理人、本人に対して訴訟をした者およびその配偶者などが挙げられます。

(2) 任意後見監督人になれる人

　任意後見監督人は、家庭裁判所が本人や任意後見受任者などから任意後見監督人選任の申立てを受けて、家庭裁判所によって選任されます。よって本人や任意後見受任者が任意後見監督人を選ぶことはできません。家庭裁判所が弁護士などから選任しています。

4. この制度を利用するときの判断能力と契約発効の判断能力

　任意後見制度は判断能力があるうちに対策を講じるものですが、実際は、本人が自己の財産を管理・処分するのに援助が必要な状態、つまり法定後見の3類型で補助レベルの判断能力があれば契約の締結ができるとされています。一方、任意後見監督人選任の申立てをする際の判断能力も補助レベルからとされています。

5. 契約締結から任意後見契約効力発生までのパターン

　任意後見契約を締結してから、実際に判断能力が衰えて、その契約が発効するまでの関係で次の3パターンに分けられます。

①将来型…任意後見契約だけを結び、将来に判断能力が衰えたら任意後見契約上の支援を受ける
②即効型…現在、判断能力に不安があり、任意後見契約と同時に任意後見監督人の選任を家庭裁判所に申し立て、すぐに支援を受ける
③移行型…今は判断能力に不安はないが、身体機能など日常の生活に不安があるため、任意後見契約と同時に見守り契約や財産管理等委任契約などを締結しておき、将来、判断能力が衰えたら任意後見契約上の支援を受ける

6. 任意後見制度を利用するための手続費用

①任意後見契約公正証書作成時…郵送料を含めて20,000円程度
②任意後見監督人の選任申立時…郵送料を含めて5,000円程度
③任意後見人への報酬は本人との自由な契約によります。任意後見監督人への報酬は本人の資産規模等により家庭裁判所が決めます。両方とも本人が負担します。

Q6-7
任意後見制度ではどのようなことをお願いできるのですか。

> **A** 任意後見契約は本人の判断能力が衰えた場合、本人の生活、療養看護および財産管理に関する法律行為について支援者に代理権を与える契約です。つまり、任意後見契約で定めた内容、具体的には「代理権目録」に記載された事項について、その法律行為をお願いし、代理権目録に記載されていない事項をお願いすることはできません。本人のライフプランをしっかり定め、その法律行為が代理権目録に記載されていることが重要になります。

1. 任意後見契約でお願いできること

　老後はどのような施設へ入りたいか、死後の遺産整理をどうするかなど、任意後見人に委任したいことは多々あります。しかし、任意後見契約によってできるものとできないものがあります。任意後見契約でできる一般的な例として次のようなものが挙げられます。
①財産の保存や管理
②預貯金の預入れや払出し
③定期的な収入の受領、定期的な支出の支払い
④生活費の送金、生活に必要な財産の購入
⑤居住用不動産の修繕
⑥保険の契約に関すること
⑦介護契約やその他の福祉サービスの利用契約
⑧公的介護保険の要介護認定の申請、認定に関する承認、異議申立て
⑨医療契約や入院契約
⑩相続人となった場合の遺産分割など相続に関すること

2. 任意後見契約が発効する前や、本人の亡きあとはどうするか

　任意後見契約が効力をもつ期間は、本人の判断能力が衰えて任意後見監督人が選任されてから本人が亡くなるまでの間です。よってそれ以外の期間は任意後見契約では対応できません。そこで、別途次のような契約を締結しておくと、より安心した生活が送れるようになります。
（1）見守り契約
　支援者（任意後見受任者）がいても、日常のコンタクトがないと、急に自分の意思がはっきりしなくなった場合、任意後見契約発効の手続きが遅れてしまう危険があります。そこで、常日頃の「見守り契約」を締結しておくとよいでしょう。
（2）財産管理等委任契約
　寝たきりになって銀行預金の取引ができなくとも、意思がはっきりしているなら、任意後見契約発効の手続きができません。そこで「財産管理等委任契約」を締結しておきます。

(3) 死後の事務委任契約

自分が死亡したあとの葬儀・埋葬・医療費の支払い等は任意後見契約に含めることはできません。亡きあとのことは、任意後見契約の代理権の範囲外です。そこで、意思がはっきりしているときに、「死亡事務委任契約」を締結しておきます。遺言書を作り、その中に任意後見人を遺言執行者と指定するのもよいでしょう。

3. 任意後見契約ではできないこと

① 任意後見業務は法律行為の事務なので、本人の身体介護そのものといった事実行為を行うものではありません。任意後見人は介護等の必要があれば専門業者にその業務を委託する契約を代理し、実際の介護についてはケア・マネジャーやヘルパー等がかかわります。

② 施設入所で身元保証人を求められることがありますが、任意後見人が身元保証人になることはできません。施設に加担する危険があり広義の利益相反の恐れがあるためです。

③ 本人が行った法律行為を取り消すことはできません。任意後見契約が発効しても、本人の行為能力は何ら制限されません。本人が意思能力を有していれば、単独で任意後見人の同意を得ることなく、契約をすることができます。任意後見人には代理権しかなく同意権・取消権はありません。もし、その契約を取り消したいなら、本人が任意後見人の助言を受け、クーリングオフや詐欺による契約取消等で対応します。

④ 手術等医療行為に対する同意や本人の延命治療拒絶の意思表示の受託はできません。予防接種などの軽微なものについては同意をすることはできるという見解がありますが、手術等についてはできないとするのが通説です。本人が何らかの意思表示を事前に表しておくのが望ましく、エンディング・ノートの活用等が考えられます。

4. 任意後見制度利用上の注意点

本人の意思がはっきりしなくなったのに、意図的に任意後見監督人選任の申立てをせず、包括的な財産管理等委任契約で不動産の売買等を行ってしまうケースが考えられます。財産管理等委任契約では法的な任意後見監督人がつかないためです。第三者のチェックが入る具体的な内容の財産管理等委任契約を締結しておくとよいでしょう。

図表 6-7-1　時系列でみる任意後見契約とそれに付随する契約

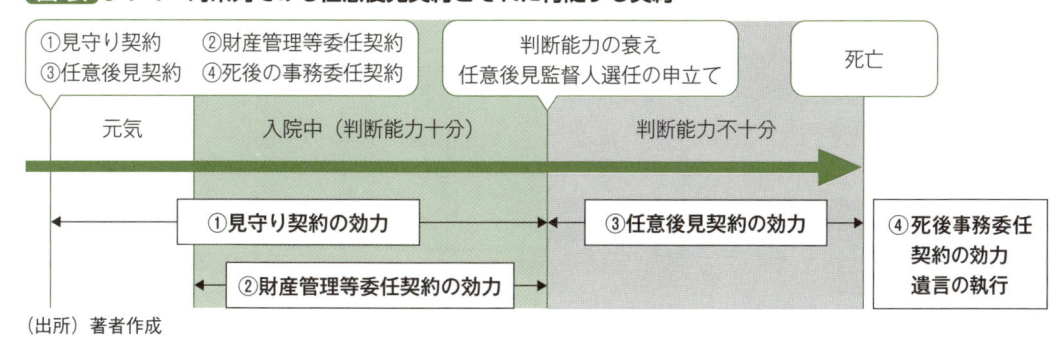

（出所）著者作成

Q6-8

人生後半期のおひとりさまの時期には、どのように過ごすべきでしょうか。

A お子さんや伴侶のなかった方や、家族がいても伴侶の亡き後は、核家族化で日常生活はいわゆるおひとりさまになる傾向があります。心配となるのが、「万一の場合誰にも知られずにいたらどうしよう」ということです。まず、自分が人生のラスト・ステージでどう生きたいかを、ノートに形として表しましょう。それを実現するための公的・私的な支援はたくさんあります。これらを積極的に利用することによって、1人よりは2人、2人よりは3人の日常生活を見つけることが大切です。

1. 単身高齢者の数はどのくらいか

現在65歳以上の高齢者世帯の3世帯に1世帯は単身者です。今後、その割合はますます増加するものと予想されます。

2. 自分の生き方を見つけよう

生涯現役もよし、現役を退いたあとの組織に縛られない自由な生活もよし、それぞれの生き方があります。しかし、自由な生活といっても、具体的に何をしたらよいのかわからないというのが一般的です。そこで、人間の本来の納得のいく生き方、満足度を高めるための生き方として、心理学者のアブラハム・マズローの欲求の5段階説が参考になります。

マズローは、人間の欲求を5段階に分け、低段階の欲求に満足感を抱くと、次により上位の欲求を求めるようになることを唱えました。この考え方は組織のマネジメント論で、人材を有効に活用するための手法として採り入れられるようになりました。

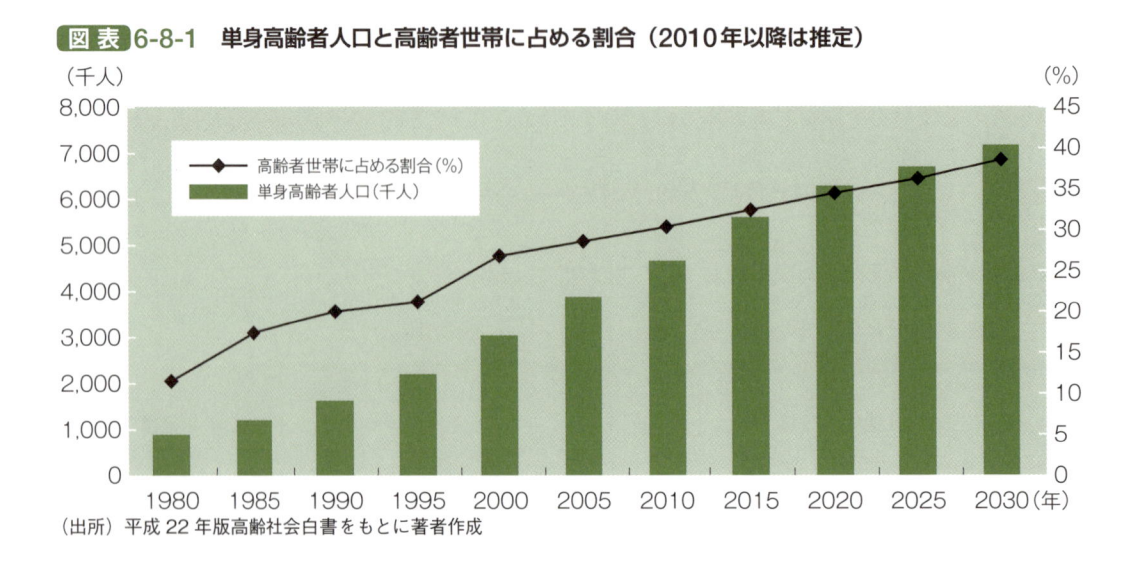

図表 6-8-1　単身高齢者人口と高齢者世帯に占める割合（2010年以降は推定）

(出所) 平成22年版高齢社会白書をもとに著者作成

3. 自分の人生の棚卸しをしよう

自分の人生を振り返って、欲求の5段階がどうであったか、現在、どれが満たされているのかを冷静に考えてみます。仕事、家族、子どもの成長、趣味、ボランティア、政治、旅行、研究、宗教・その他たくさんのことを考えてみます。おのずと次なる夢がみえてくるはずです。人生の棚卸しを、そしてこれからの人生を有意義に過ごすためには、エンディングノートに書き記すことをお奨めします。

4. 潜在能力を活かそう

人は生まれながらに何らかの得意な能力をもっているものです。人生でそれを見い出すことができた人は幸せです。それゆえ、人生の棚卸しを行い、得手不得手を知ることは大切です。詩人の柴田トヨさん[注]は99歳にして脚光を浴びました。その一編、一編は歩んできた長い人生を収斂した、一筋の表現となり、含蓄あるものとなっています。もって生まれた能力を発揮し、それが評価されることは、残り少ない人生に生きがいと喜びを与え、精神と健康を向上させます。高齢化社会での基本的な理念、潜在能力や残存能力を活かすポイントはここにあるわけです。

5. 人生のラスト・ステージを支援してくれる組織

自分のしたいことが確定したら、どこに行けばよいのかをインターネットで調べてみます。教養講座なら、公的なものとして市区町村のシルバー大学や市民大学、公民館の催し物を利用するのも1つの方法です。そのほかに多くのNPO法人が、それぞれの分野で活動しています。残された人生に価値を見い出し、新たな生きがいを得て創造に取り組むためには、やはり所属の欲求による仲間が必要です。

図表6-8-2　アブラハム・マズローの欲求の5段階説

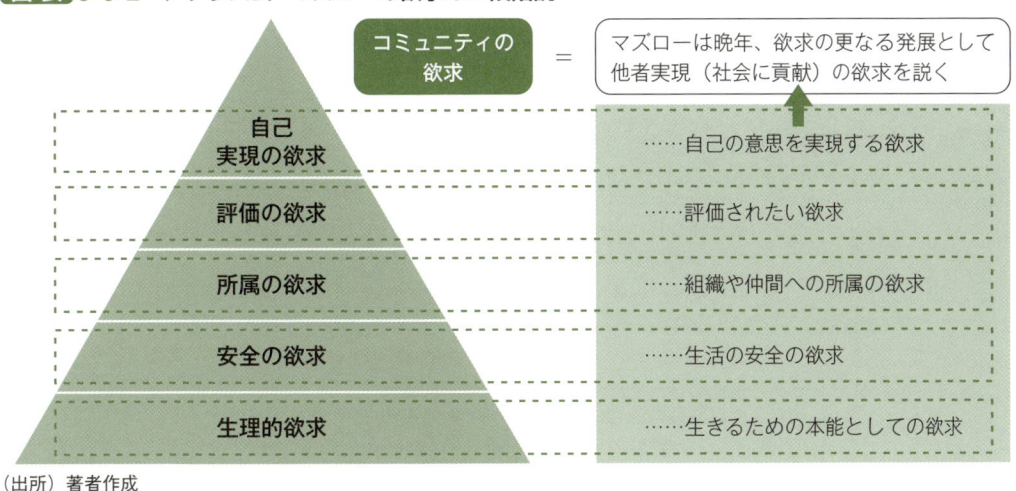

コミュニティの欲求 ＝ マズローは晩年、欲求の更なる発展として他者実現（社会に貢献）の欲求を説く

- 自己実現の欲求 ……自己の意思を実現する欲求
- 評価の欲求 ……評価されたい欲求
- 所属の欲求 ……組織や仲間への所属の欲求
- 安全の欲求 ……生活の安全の欲求
- 生理的欲求 ……生きるための本能としての欲求

（出所）著者作成

（注）柴田トヨさん。栃木県生まれの詩人。90歳代で詩作を始める。2010年12月にNHKテレビ番組、ヒューマンドキュメンタリー「99歳の詩人 心を救う言葉」が放映され、脚光を浴びる。詩集『くじけないで』が150万部のベストセラーとなる。

Q6-9

おひとりさまの見守り制度にはどのようなものがありますか。

> **A** 高齢おひとりさまの見守りは、身近な隣近所から日常生活をとおしてなされるのが理想ですが、自由と個を尊重する現代社会では、隣近所の関係も希薄となっています。しかし、高齢社会になり、公的な見守り制度も生まれ、一方では民間の見守りビジネスも形成されています。高齢者の権利擁護の観点から法定後見制度も整備されました。たくさんある見守りの方法を周囲の環境と状況に応じて有効に活用すべきでしょう。

1．見守りにはどのようなものがあるか

　大きく分けて、行政による公的なものと、民の自助努力によるものがあります。また、法制度として成年後見制度があり、それを個々の自由契約で利用する任意後見制度があります（図表6-9-1）。

2．公的な政策面から

(1) まず市区町村の窓口へ

　社会福祉課、高齢者支援課など自治体によって組織の名称は異なりますが、その自治体が高齢おひとりさまに対してどのような対策を講じているかを調べてみましょう。また、自治体の広報紙に、高齢者の生活相談等の相談日が掲載されていることもあります。

(2) 日常生活自立支援事業とは

　日常生活自立支援事業は、厚生労働省所管で、民間組織である社会福祉法人の各地域社会福祉協議会が、社会福祉法2条「福祉サービス利用援助事業」の規定に基づいて行っています。社会福祉協議会の専門員が、判断能力の衰えた方や体の不自由な方の生活を調査し、具体的な支援計画を立て、実際は生活支援員が財産管理やその他の保全のサービスを行います。有料制で、例えば年会費3,600円、財産保全年3,600円、支援時間1時間未満500円、2時間未満1,500円などで行っているところもあります。

図表6-9-1　見守り制度

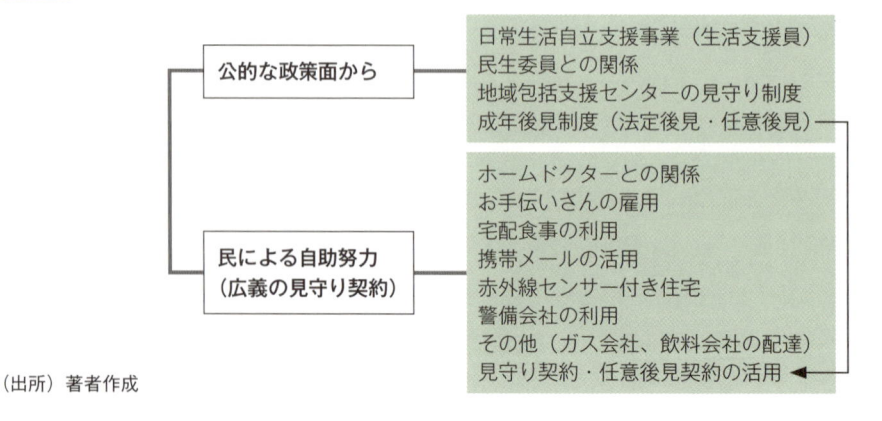

公的な政策面から	日常生活自立支援事業（生活支援員） 民生委員との関係 地域包括支援センターの見守り制度 成年後見制度（法定後見・任意後見）
民による自助努力 （広義の見守り契約）	ホームドクターとの関係 お手伝いさんの雇用 宅配食事の利用 携帯メールの活用 赤外線センサー付き住宅 警備会社の利用 その他（ガス会社、飲料会社の配達） 見守り契約・任意後見契約の活用

（出所）著者作成

(3) 地域包括支援センターとは

　この組織は地域住民の保健・福祉・医療の向上、虐待防止、介護予防マネジメントなどを行う高齢者支援の総合窓口機関で、平成17年の介護保険制度の見直しによって生まれました。厚生労働省所管で、市区町村が設置するもので、民間委託によってなされる場合もあります。組織には保健師、社会福祉士、主任介護支援専門員（主任ケアマネ）の３人が必要です。最近、この地域包括支援センターに「見守り制度」を導入するところがあります。

(4) 民生委員による訪問

　民生委員は民生委員法に基づく、厚生労働大臣の委嘱による非常勤の特別職地方公務員です。その職務は、地域住民の生活状態を必要に応じて把握し、身近な相談役となって行政へつなぎ、よって住民の福祉の増進を図る活動を任務としています。給与はなく、活動に必要な交通費・通信費が支払われます。常日頃から民生委員との関係を築いておくのも１つの方法です。

3．民による自助努力

(1) ホーム・ドクターとの関係

　身近な開業医との良好な関係を築いておきましょう。

(2) お手伝いさんの雇用

　週何日か通いのお手伝いさんにお世話になるのもよいでしょう。

(3) 食事宅配サービスの利用

　高齢化社会で急速にこのビジネスが成長してきました。次のような法人が代表例です。
（例）ワタミ、タイヘイ、ヨシケイ、シュガーレディ、生活協同組合、社会福祉協議会など

(4) 安心携帯電話メールシステムの利用

　折りたたみ式携帯電話を開くと、１日１回、事前登録の親族や知人にメールが届くシステムです。緊急連絡ボタンを押すと24時間体制のコールセンターへつながるものもあります。

(5) 見守りつき住宅

　住宅に赤外線センサーを設置しておき、見守りセンターが、日常行動を常時、受信できるシステムがあります。また、独立行政法人都市再生機構では、単身高齢者の団地で赤外線センサーを設置し、近くのNPO法人が受信して高齢者を支援するパイロットテストが行われています。

(6) 警備会社との見守り契約

　民間警備会社には、従来の緊急通報サービスから、24時間安否確認サービス（センサーを取り付けて警備会社が行動把握）、ご近所見守り隊サービス（定期訪問、買い物付き添い、家事）まで、多くの見守り商品が揃えてあります。

4．見守り契約・任意後見契約の活用

　任意後見契約を結んでいても、お世話になるのは判断能力が衰えてからです。おひとりさまはそれ以前の段階でも、「寝こんでしまったらどうしよう」と不安が募ります。そこで任意後見契約を結ぶ予定の人と見守り契約を結んでおくのも一方法です。

Q6-10
認知症になったかもしれないと思ったらどうしたらよいでしょうか。

> **A** 認知症は、正常に発達した知的機能が持続的に低下し、複数の認知障害によって社会生活に支障を来たす状態をいいます。認知症は病名ではなく、症状の状態であり、その原因となる複数の病気があります。その病気には治るものや、早期に発見・対応することにより症状の進み方を遅らせることができるものもあります。よって早期発見が重要です。

1. 認知症高齢者数の増加

長寿化、高齢者の増加によって、認知症高齢者数は増加しています。厚生労働省研究班の調査によると、2012年時点で、65歳以上の高齢者のうち認知症の人の割合は推計15％の約462万人、認知症になる可能性がある軽度認知障害が約400万人であることがわかりました。65歳以上の4人に1人が認知症とその予備軍であり、認知症者が予想以上に増加しています。

2. 認知症を引き起こす病気

認知症の原因となる病気等は70種類程度あるといわれます。このうちアルツハイマー型認知症、脳血管障害性認知症、レビー小体型認知症で認知症者数の7割を占めます。

3. どんな症状が認知症のはじまりか

認知症になると必ず起こる中核症状（例えば、今がいつか、どこにいるのか、相手が誰かわからない、簡単な計算ができない等）と、中核症状に伴い起こる周辺症状があります。

周辺症状は陽性症状（徘徊、暴言、暴力、不眠、妄想、幻覚等）と陰性症状（無気力、無関心、

図表 6-10-1　認知症の原因となる主な病気

原因	病名
脳の神経変性	アルツハイマー型、レビー小体型、前頭側頭葉型（ピック病含む）等
脳血管障害性	脳梗塞、脳出血等
感染症	脳炎、ヤコブ病、髄膜炎、脳梅毒、エイズ等
腫瘍	脳腫瘍、転移性腫瘍等
内分泌・代謝性	甲状腺機能低下症、副甲状腺機能亢進症、ビタミンB12欠乏症等
中毒性	薬物・金属・有機化合物・アルコール等の中毒
外傷性	頭部外傷、慢性硬膜下血腫等
その他	正常圧水頭症、多発性硬化症、ベーチェット病

うつ状態等）に分かれます。図表6-10-2のような日常の変化が表れたら、かかりつけの医師等に早めに相談しましょう。

4．おかしいなと思ったら

　認知症の原因になっている病気の種類によっては、治療できる場合や、進行を食い止めることが期待できます。そこで早いうちに診断を受けて早期に治療を始めることが大切です。そうすることによって、残存機能を維持し、本人の意思による満足感の高い生活ができます。

　しかし、家族から直接、本人に診察を勧めても、本人は納得せず、認知症者数の6割以上が受診までに2年以上かかっています。そこで、常日頃から、かかりつけ医とのコミュニケーションを大切にし、普段よく診てもらっているお医者さんから助言してもらうのがよいでしょう。また、病院以外にも、いろいろな相談機関があります。

5．認知症を支援してくれる機関

　家族に認知症者が生じたら、1人で抱え込まずにいろいろな人に相談してみることが大切です。介護環境の情報収集や周囲の理解と協力を得ることができ、またそれによって家族の精神的な負担軽減にもなります。次のような認知症相談窓口が挙げられます。

（1）地域包括支援センター

　市区町村における高齢者の総合相談窓口となっています。介護サービスを中心に医療サービス、成年後見制度などさまざまな相談に応じています。

（2）高齢者総合相談センター

　通称シルバー110番といわれるもので、高齢者やその家族が抱える高齢者福祉、介護、医療などの悩みごとに対する総合的な相談窓口で、各都道府県に1ヵ所置かれています。相談は無料です。

（3）介護支え合い相談

　社会福祉法人浴風会が、従来の国際長寿センターの業務を引き継ぎ、介護にあたる家族の悩みの相談を受けています。電話03-5941-1038（月～木10：00～15：00）

（4）公益社団法人認知症の人と家族の会

　認知症の高齢者をかかえる家族など関係者によって結成されている団体で、同じ悩みをもつ家族同士の情報交換ができます。0120-294-456（土日を除く10：00～15：00）

図表6-10-2　認知症による主な日常の変化

○以前の関心や興味が失われている	○同じことを言ったり聞いたりする
○日課をしなくなった	○ものの名前がでてこなくなった
○だらしなくなった	○置忘れやしまい忘れが目立つ
○時間や場所の感覚が不確かになった	○水道やガス栓を締め忘れる
○計算の間違いが多くなった	○慣れているところで道に迷った
○「財布を盗まれた」という	○複雑なテレビドラマが理解できない
○ささいなことで怒りっぽくなった	

第7章 お葬式とお墓

河原 正子

Q7-1

家族が亡くなりました。お葬式の手順や注意点などを教えてください。

> **A** 家族が亡くなった場合にまずしなければならないことは①死亡を知らせる、②死亡届を出す、③お葬式の準備をする、の3つです。お葬式の準備として、喪主・予算・宗教・形式・規模・搬送先などを最初に話し合っておくとよいでしょう。納得のいくお葬式をするために、前もってよい葬儀社を選んでおくのが理想的です。

1. 死亡を知らせる

親戚やごく親しい人に死亡を伝えます。会社関係者や知人などにはお葬式の内容が決まってから連絡をします。宗教に則った葬儀をする場合にはまず宗教者に連絡します。特に寺院墓地に納骨する場合や菩提寺がある場合には、住職に連絡する必要があります。

2. 死亡届を出す

医師から受け取った死亡診断書を7日以内に役所に提出します。死亡診断書（検死をした場合は死体検案書）と死亡届は1枚の用紙になっています。届出は、多くの場合葬儀社が代行します。死亡届を出し、火葬許可証※を受け取ります。火葬が終わると裏面に火葬済みの証印を押し、埋葬許可証として戻されます。納骨するときに必要な書類なので、骨壺の箱に入れるなどして大切に保管します。

3. お葬式の準備をする

故人の意に沿うような、納得できるお葬式をするには、まず葬儀社選びから始まります。死亡直後で気持ちも混乱しているときによい葬儀社を選ぶことは至難の技といえるでしょう。また、病院等での死亡後に自宅に戻れない場合、葬儀場に直接運んでもらうか、葬儀社等の保管所に預かってもらうことになります。その場合には搬送後に葬儀社を変更することは非常に困難です。

図表 7-1-1　死亡届を出す手順

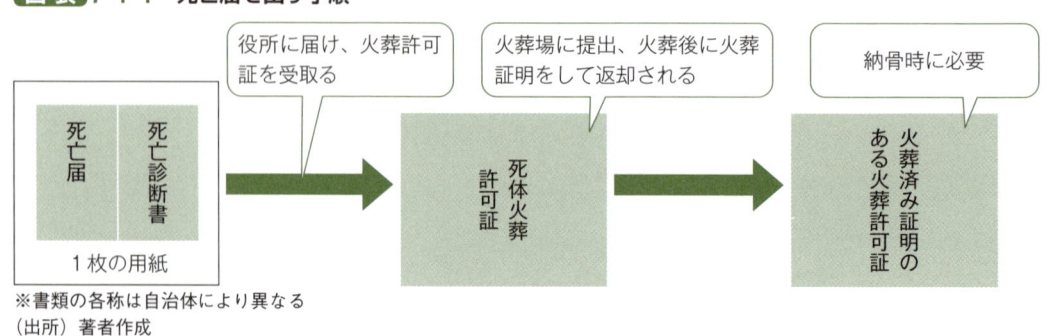

死亡届・死亡診断書（1枚の用紙） → 役所に届け、火葬許可証を受取る → 死体火葬許可証 → 火葬場に提出、火葬後に火葬証明をして返却される → 火葬済み証明のある火葬許可証 → 納骨時に必要

※書類の各称は自治体により異なる
（出所）著者作成

（1）搬送

病院で亡くなると、葬儀社に連絡して遺体を運んでもらいます。葬儀社を決めていない場合は、病院で紹介される葬儀社に自宅までの搬送をお願いします。紹介される業者の中には病院にさまざまな名目でお金を渡している業者もあり、かなり強引に自社でのお葬式を勧められるケースもあるので要注意です。

（2）お葬式の打合せ

お葬式の打合せでは、宗教の有無（仏教なら菩提寺・宗派も）・喪主（故人との関係）・予算・お葬式の施行方法（形式・規模・人数・式場の希望）等を聞かれます。宗教・宗派によって葬儀の形も違ってきますので正確に伝えることが大切です。菩提寺がない場合には、葬儀社に僧侶を紹介してもらうこともできます。また、遺影の準備も必要です。

（3）現金の用意

故人の預貯金口座は亡くなると凍結されるので、お金を引き出せません。死亡直後は何かとお金が必要になりますので、現金の用意もしておきます。

（4）お葬式の流れ

病院での臨終からお葬式までの流れは一般的には 図表 7-1-2 のようになりますが、お葬式の形、宗教、地域の風習などによっても異なってきます。

図表 7-1-2　病院での臨終からお葬式までの流れ

臨終	死亡診断書を受け取ります
霊安室へ	葬儀社に連絡します
葬儀社による搬送	自宅または斎場、葬儀社の霊安室、火葬場の保管室等に寝台車で搬送します
安置・保管 納棺	この間に葬儀社とお葬式に関して打合せをして、見積もりをもらいます 葬式まで日数があるときには、納棺して保管室で保管する場合もあります 納棺とはご遺体を棺に納めることです
通夜	通夜の後、「通夜ぶるまい」として簡単な食事や飲み物で弔問客をもてなします
葬儀・告別式	葬儀は故人をあの世に送るための宗教的儀礼と遺体に対する対応であり、告別式は故人に対するお別れの式です
火葬	地方によっては火葬を葬儀の前に行うこともあります
精進落としの会食	本来は忌明けの四十九日に行っていたものですが、現在では火葬後に会食の場として僧侶や世話役、親族の労をねぎらう意味で行います

（出所）著者作成

Q7-2

最近のお葬式には、どのような特徴がありますか。

A 最近のお葬式には①小規模・短日化（家族葬・直葬・一日葬）、②無宗教化（音楽葬などの自由葬）、③個性化という特徴があります。まだ、一般的になじみのないものも多いので、このようなお葬式をする場合には、宗教者や周囲の理解を得ることが大切です。

1．小規模・短日のお葬式

　これまでのお葬式では、家族が亡くなった途端にお葬式の準備が始まり、弔問客の対応などでともかく忙しく、故人と別れを惜しむ時間もありませんでした。そこで、家族や親しい人だけでゆっくりと故人とのお別れがしたい、との願いに応えて「家族葬」という形式のお葬式が生まれました。また、高齢で弔問客が少ない、お金をかけたくない、などの理由からお葬式を小規模に行うケースも増えてきました。

(1) 家族葬

　家族や近親者、ごく親しかった友人だけで見送るお葬式です。小規模のお葬式を家族葬と呼んでいるところもあります。小さな祭壇を飾る場合もあり、家族葬は宗教の有無を問いません。ただ、参列者が少ない分お香典も少なく、実質的な支出額は一般のお葬式とあまり変わらないこともあります。

　家族で真心を込め、故人らしさを演出した葬式をしても、今までのお葬式を見慣れた人には「貧弱なお葬式」と映ることもあります。また、思いのほか故人の交友関係が広く、葬式の後に次々と弔問客が押し寄せ、かえって疲れる結果になることもあります。そのような場合には別の日に友人や関係者などを招いて「お別れ会」をするのもよいでしょう。

(2) 直葬

　通夜やお葬式を行わず火葬だけを行うお別れのことです。「火葬式」とも呼びます。法律(注1)によって死後24時間は火葬できませんので、遺体を自宅や安置所で安置してから、翌日に火葬します。費用が安い（約20〜40万円）、知合いがいない、故人や遺族の信念、などの理由により、東京など都会では直葬をする人が急速に増えてきています。

(3) 一日葬

　ワンデーセレモニーともいい、通常2日かけて行う通夜とお葬式を1日で行うスタイルです。葬儀社や喪主の希望により、通夜には会葬者を招かず家族だけで行うスタイルや、夜に通夜とお葬式を行うスタイルなどがあります。菩提寺がある場合は住職の了解が必要です。

(注1) 墓地、埋葬等に関する法律3条

2. 無宗教のお葬式

「あなたの宗教は何ですか」と聞かれて困る日本人は多いと思います。そこで「葬式だからといって仏教でする必要はない」と考える人が増え、宗教色の入らないお葬式が生まれました。参列者で黙祷をする、お焼香の代わりにお花やロウソクを捧げるなど工夫を凝らしています。

本人は無宗教と思っていてもお寺との関係を無視できない場合もあり、後々のトラブルを防ぐためにも、事前に親戚などに確認をとることが必要です。

3. 個性的なお葬式

「お葬式も自分らしく」と考える人が多くなり、個性的な式が増えています。例えば、以下のようなお葬式があります。
- 故人が書いた絵画の作品や生前の写真、または趣味の釣りの道具などを式場に展示する
- 趣味で撮りためた映像や音楽、演奏している故人の姿などを映像で流す
- 生の音楽を演奏する（音楽葬、図表 7-2-1）
- フラダンスを習っていたお母さんの棺を南国の花で飾り、BGMにハワイアンを流す

4. 仏教式のお葬式

宗教色のないお葬式が増えてはきましたが、日本人の約9割が仏式でお葬式をしています[注2]。そこで仏式のお葬式にも取り入れられる新しい葬式の形も登場しています。

例えば白木祭壇に代わって登場したのが、生花で祭壇を飾る花祭壇（図表 7-2-2）です。宗教の有無は問いません。特に女性に人気が高く、故人の好きな花で埋めることも可能です。

図表 7-2-1　音楽葬

図表 7-2-2　花祭壇

（注2）一般財団法人　日本消費者協会　第10回「葬儀についてのアンケート調査」2014年

Q7-3

お葬式にはどれくらいの費用がかかりますか。戒名は必要ですか。

> **A** お葬式の費用は大きく①葬儀社に支払う葬祭費用、②お料理などの飲食代や心付け等の実費、③お布施等の寺院費用に分けられます。これらを合わせた費用は全国平均で約189万円です。また、遺骨を寺院墓地に埋葬する場合や埋葬後お寺で供養してもらうときには戒名が必要です。

1. お葬式の費用

「葬儀について知りたい事項」を聞いたところ、やはり一番の関心は「葬儀費用」でした(注)。「葬儀にはお金がかかる」といわれている中で、一体いくら用意しておけばいいのか、誰しも不安に思うところです。

お葬式の費用は、希望するお葬式の規模（人数と場所）・葬儀の形式・宗教の有無などで大きく変わります。調査では葬儀費用の合計の平均は約188.9万円ですが、最低額10万円から最高額1,000万円までと大きな差がでています(注)。

お葬式の費用は 図表7-3-1 のように大きく3つの費用に分けて考えます。

調査では61.6％の人が「価格表やカタログで説明を受け、見積書を受け取った」と回答しており、見積もりを受け取った人の約73％が「支払額は概ね見積書の額と同じくらい」と答えています。しかし「葬儀一式」となっていても、その内訳は業者によってさまざまなので、葬儀社を決めるときには何社かに見積もりを取ることが大事です。

私達は家計から実際に支払う金額を葬儀費用と考えますが、葬儀社の多くは自社に支払われる金額だけを葬儀費用と考えて提示します。見積もりの内容をよくみて、疑問があれば確認します。

2. 戒名の必要性

戒名とは仏門に入ったときに、戒律を守る証として授けられる名前で、本来2文字だけです。

図表7-3-1 お葬式の費用の内訳

葬祭費用 平均122.2万円	＋	飲食代等の実費 飲食代平均33.9万円	＋	寺院費用 平均44.6万円	＝	葬儀費用総額 平均188.9万円
*葬儀社の費用 祭壇一式・棺・運営費等 *葬儀社が立て替えている費用 火葬料・車両代・式場費・返礼品代等		通夜からの飲食接待費		お布施 （読経・戒名） 御祭祀料 献金等		実際にかかる費用の総額

数字は全国平均値（平均値は各項目の有効回答から平均値を出しているので、各項目の合計と葬儀費用の総額とは一致しない）

（出所）一般財団法人　日本消費者協会　第10回「葬儀についてのアンケート調査」2014年

（注）一般財団法人　日本消費者協会　第10回「葬儀についてのアンケート調査」2014年

本来の戒名に院号・道号・位号などが加わります。宗派によって名称などが異なります。

　寺院墓地に埋葬する場合には戒名は必要ですので、菩提寺の住職に戒名をつけていただきます。一般霊園や公営墓地に埋葬する場合には戒名がなくても埋葬できます。お葬式は俗名のままでも大丈夫です。

　俗に「戒名代」といわれますが、戒名はお寺から授かるもので、通夜・葬儀の読経の御礼と共に「お布施」として差し上げます。金額はお寺の格式、お寺との付き合い方、いただいた戒名などにより、無料から1,000万円を超す場合まであります。僧侶に金額を尋ねると「志で結構です」といわれることも多いですが、分らない場合は丁寧に再度尋ねるか、親戚や寺のお世話役の人などに聞くとよいでしょう。

　葬儀社に僧侶を紹介してもらう場合のお布施は、戒名と読経を含めて、信士・信女で20万円〜30万円、居士・大姉だと30万円〜50万円、院号がつくと50万円〜100万円位といわれています。

図表 7-3-2　葬式費用の目安（首都圏の一般的なお葬式の場合）(※)

祭壇一式	20万円位〜200万円位	祭壇・棺・骨壺・霊柩車・枕飾り・企画運営等 業者によって含まれるものが異なる
棺	5万円〜30万円	ただし、数百万円の棺もある
通夜ぶるまい	1人当り3,000円〜5,000円	通夜の後に弔問客にふるまわれる飲食 人数によって大きく異なる
精進落とし	1人当り4,000円〜7,000円	祭壇は小さくても美味しいお料理を振る舞いたい、と精進落としの質にこだわるケースが増えている
火葬料	無料〜18万円	公営の火葬場の場合、無料のところもある 民営の火葬場の場合は部屋により料金は異なる

(※) 祭壇の金額によって付随する費用（棺、霊柩車、供花などのランク）が決まる所もある。
(出所) 著者作成

図表 7-3-3　戒名の基本形

戒名の基本形	浄土真宗では法名、日蓮宗では法号といい、宗派によって異なる

○○ 院	院号　本来寺を建てたくらいの功績者に授与
△△	道号 （浄土宗は誉号、浄土真宗では釈字）
□□	戒名（浄土真宗は法名、日蓮宗では法号） 本来この部分だけが戒名である
居士／大姉	位号（浄土真宗では用いない） 男性／居士、信士 女性／大姉、信女

(出所) 著者作成

Q7-4

お葬式の後にしなければならない手続きにはどのようなことがありますか。

> **A** お葬式後の手続きには、故人に係る身分証の返還や解約手続き、給付や請求の手続き、名義の変更、年金の手続き、税金の申告などたくさんあります。期限がある手続きもありますので、下記の図表を参考にして、自分に必要な手続きの一覧表を作り、優先順位をつけて、チェックしながら行うとよいでしょう。

1. 期限を目安に手続きの優先順位を決める

　死亡後にしなければならない手続きはたくさんありますが、手続きの期限を目安に優先順位を決め、あせらないでこなしていきます。必要書類は主なものだけ記載しています。それぞれ会社や窓口等によって違いますので、必ず窓口で確認してください。住民票や戸籍謄本などよく使う書類は必要枚数をまとめて取っておくとよいでしょう。

　また、宗教者やお世話になった人へのあいさつも忘れないようにしましょう。

2. 死亡後に必要な主な手続き

（1）故人に係る身分証の返還や解約の手続き

　期限は定められていない場合が多いですが、故人が会員等であったため、引き続き費用がかかる場合もありますので、なるべく早くに返還や解約をします。

（2）給付や請求等の手続き

　健康保険の埋葬料（費）、高額療養費、生命保険の死亡保険金などの請求等の手続きがあります。

（3）年金関係の手続き

　加入している年金によって異なりますので、年金の種類を確認しましょう。

図表 7-4-1　主な死亡後手続きの一覧（返還・解約手続き）

項目	窓口	主な必要書類
国民健康保険証 後期高齢者医療被保険者証 介護保険被保険者証 印鑑登録証 住民基本台帳カード	市区町村役場	保険証等 死亡を証明するもの
健康保険証	勤務先や協会けんぽ、健康保険組合等	保険証
携帯電話	契約先	死亡が確認できる書類
クレジットカード 各種会員カード	各発行元	解約届等

その他返還するもの：運転免許証・パスポート・福祉乗車証等
（出所）著者作成

(4) 名義の変更手続き

世帯主変更以外は期限がありませんが、なるべく早く変更しましょう。

(5) 税金に関する手続き

故人に収入があった場合には、4カ月以内に所得税の準確定申告が必要です。

(6) 相続に関すること

故人名義の預貯金・有価証券・不動産・借地権・自動車・ゴルフ会員権などは相続財産となりますので、相続割合が決まってから名義変更をします。相続税がかかる場合は、10カ月以内に相続税の申告が必要です。

図表 7-4-2　主な死亡後手続きの一覧（給付・請求手続き）

項目		期限	窓口	主な必要書類
葬祭費用	国民健康保険・後期高齢者医療制度	2年以内	市町村役場	保険証・死亡を証明する書類・葬儀の領収書・振込口座、印鑑
	健康保険		健康保険組合等	
	労災保険		労働基準監督署	死亡診断書、葬祭料等請求書
高額療養費		支払日から2年以内	健康保険組合協会けんぽ市区町村役場	高額療養費支給申請書、保険証、医療費の領収書等、印鑑、振込先口座番号
生命保険・損害保険		2年または3年（会社による）	各保険会社	保険証券・死亡診断書・除籍抄本等・診断書（入院費請求の場合）・受取人の戸籍謄本、印鑑、印鑑証明書

（出所）著者作成

図表 7-4-3　主な死亡後手続きの一覧（年金関係手続き）

項目	期限	窓口	主な必要書類
年金の受給停止	速やかに	市町村役場（国民年金）年金事務所（厚生年金）共済組合（共済年金）	年金受給権者死亡届、年金証書、死亡がわかる書類
未支給年金の請求	速やかに		未支給金請求書、戸籍抄本・住民票等、預金口座
遺族給付の請求	5年以内		請求先で異なる

（出所）著者作成

図表 7-4-4　主な死亡後手続きの一覧（名義変更手続き）

項目	窓口	備考
世帯主変更届	市町村役場	死亡から14日以内
電気・水道・ガス・NHK	各営業所	電話で連絡するだけでもよい
電話・携帯電話・通信関係（インターネット等）	各営業所	固定電話の加入権は相続財産だが、書類だけで名義変更できる
賃貸住宅	貸主	
火災保険・自動車保険	各代理店	

（※）一覧表の項目などの名称は窓口によって異なる場合もある
（出所）著者作成

Q7-5

お墓の跡継ぎがいません。お墓をどうすればよいでしょうか。

> **A** 後々の管理が不要なお墓は永代供養墓・合葬墓・共同墓・納骨堂・樹木葬などたくさんあります。また散骨や骨仏などの選択肢もあります。それぞれの長所・短所を知り、自分にとって一番納得のいく埋葬法を選ぶようにしましょう。

1. お墓の跡継ぎは実子に限られない

　これまでのお墓は「家墓」が主流で、子孫が引き継いで守ってきました。しかし現代では跡継ぎのない人が増え、いろいろな埋葬の形が登場しました。ただ、お墓は嫁に行った娘はもちろんのこと、実子でなくても兄弟や甥・姪でも承継できますので、誰も承継者がいないのか考えてみてください。

　お寺にお墓がある場合はお寺にお願いしてご先祖さまの遺骨を永代供養してもらう方法もあります。その際墓地は更地にしてお寺に返却します。民営墓地や公営墓地の場合、跡継ぎの要らないお墓に改葬する方法もあります。

2. 跡継ぎの要らない埋葬法

（1）永代供養墓・合葬墓

　どちらもお墓の跡継ぎがいなくても、寺院や墓地管理者が永代にわたって管理するお墓です。寺院などが供養を行うお墓を永代供養墓といい、公営墓地などで管理してもらえるお墓を合葬墓といいます。その費用も形式も実にさまざまで、次のような違いがあります。
① 合葬される時期の違い
　・初めから遺骨が他の骨と一緒になって合葬される
　・ある一定期間は骨壺のまま埋葬（埋蔵）され、その後骨壺から取り出して合葬される
　・骨壺のまま埋葬（埋蔵）され、半永久的に自分の骨は他人の骨と一緒にされない
② 形の違い

図表 7-5-1 神奈川県横浜市の市営墓地の合葬墓

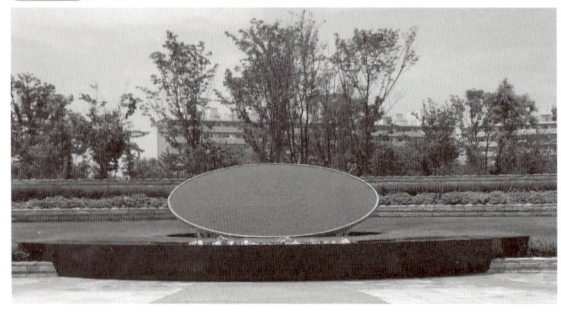

図表 7-5-2 共同墓（もやいの碑）

・合葬式のお墓

　外観の形式は霊廟・モニュメント・石碑などさまざまあり、一般的にその脇には納骨者の名前を書いたプレートがある
・永代供養付き個別のお墓

　当初は個別の墓に埋葬され、後に合葬される

(2) 共同墓

　他人同士ですが、気持ちを同じくする人たちが会員組織を作り、その会員のために建てられたお墓です。生きているときに自分の意思で会員になります。

(3) 納骨堂

　遺骨を収蔵するところです。以前は一時的に遺骨を預かる所でしたが、今はお墓に代わるものとして永代的に遺骨を収蔵する施設が多くなりました。墓地と同じく運営母体は「寺院」「公営」「民営」の3種類があり、形体もロッカー式・棚式・仏壇式・お墓式等があります。

(4) 樹木葬

　墓標として樹木を植える埋葬方法です。遺骨1体につき木を1本植える形式や、シンボルとなる樹の下の個別区画または共同区画に遺骨を埋葬する形式などがあります。霊園の一部だけを樹木葬スペースにするケースもあります。

(5) 散骨

　遺骨を粉末にして海や山に撒く葬送方式です。遺骨の全部を撒く人もいますが、遺骨の一部を故人の好きだった場所に撒く人が多いです。船から海に散骨することを海洋葬といいます。

(6) 本山納骨

　遺骨を各宗派の本山に納めます。その宗派の信徒であることが条件のように思いがちですが、宗派を問わず受け入れる本山もあります。開祖の近くで眠ることができ、たくさんの方にいつも参ってもらえるという安心感があります。

(7) 骨仏

　納骨された遺骨をまとめて、1体の仏像を作ります。大阪の一心寺が有名ですが、香川の法然寺など各地にもあります。

図表 7-5-3　神奈川県横浜市の市営墓地の樹木葬

図表 7-5-4　大阪一心寺の骨仏

Q7-6

お墓が遠くにあります。近くに移すことはできますか。

A お墓の引っ越しを「改葬」といい、近年増えています。手続きを踏めば改葬は可能ですが、準備や手続きなどが多少複雑になりますので、時間的余裕を持って行います。新しいお墓を求める費用に加え、現在のお墓を更地に戻す費用がかかります。また、菩提寺を変える場合にはお寺から離檀料を求められる場合もあります。

1. 改葬の手順と必要書類

地域によって必要な書類が異なりますので、前もって今のお墓がある市区町村役場に必要書類や形式を確認してから現地に行くようにします。改葬の書類は遺骨1体ごとにそれぞれ1枚ずつ必要です。現在のお墓に何体の遺骨が埋葬されているかを管理者に調べてもらいます。

図表 7-6-1　一般的な改葬の手順と必要書類

【現在のお墓】
1. 墓地の管理者に改葬を申し出て、承諾を得る
2. 墓地のある市区町村で「**改葬許可申請書②**」をもらう
3. 墓地の管理者に「**②改葬許可申請書に埋葬証明をしてもらう③**」、または「埋葬証明書③」をもらう
4. 墓地のある市区町村に①③を提出して、「**改葬許可証④**」を発行してもらう
5. 遺骨を取りだす（閉眼供養）
6. 更地にして、返還する

【新しいお墓】
- 納骨するお墓を確保して「**受入証明書①**」を発行してもらう
- 墓地の管理者に「**改葬許可証④**」を提出する
- 納骨する（開眼供養）

改葬許可申請書、埋葬証明書等は遺骨1体につき1枚必要（※）

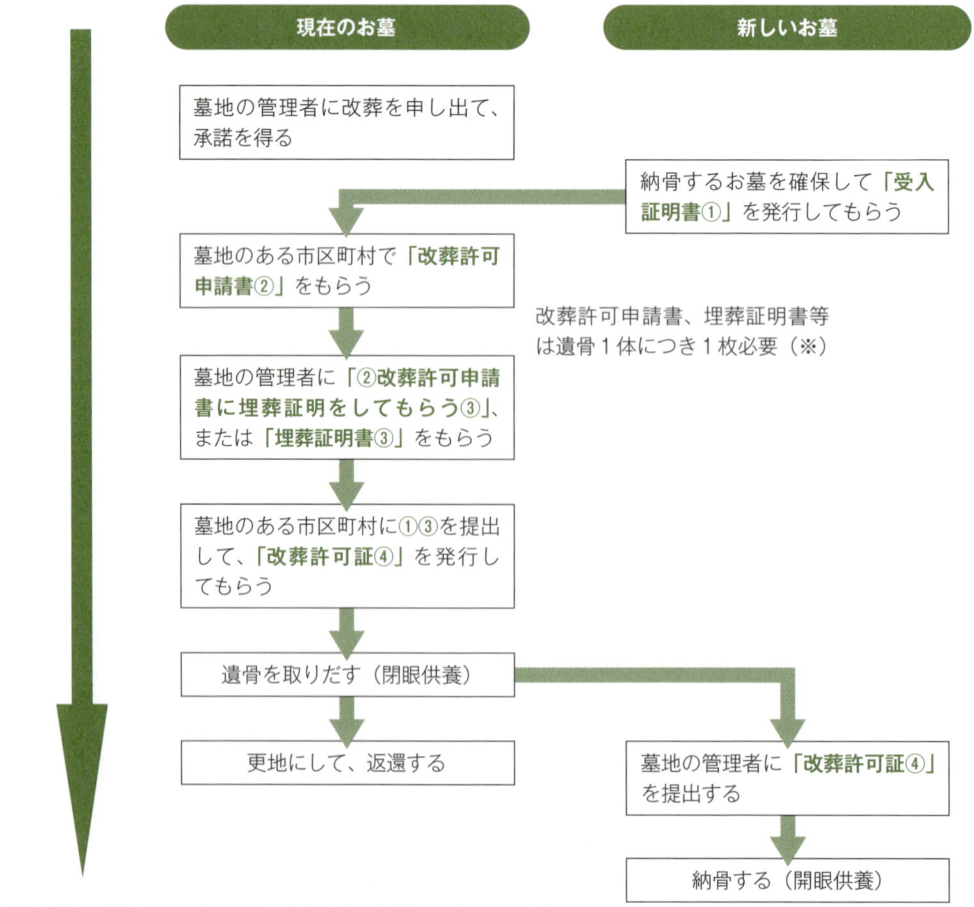

（※）遺骨の埋葬のしかたにより埋蔵証明書・収蔵証明書となる場合もある

2. 改葬するときの注意点

(1) 菩提寺や親戚の了解を得る

　現在のお墓がお寺の境内にある場合には、改葬したい旨をお寺に話して、理解してもらうことが重要です。特に菩提寺を変える場合には、今までお世話になった御礼を述べ、改葬の理由を説明して、納得してもらうようにします。やはりこれまでお世話になったお寺ですから、誠意をもって話すことが肝要です。お寺によっては離檀料を求められる場合もあります。

　また、故郷の親戚などはお墓がなくなると寂しい思いをするかもしれません。改葬する事情を説明して、よく話し合うことも大切です。

(2) 現在の墓地は更地に戻して返還する

　墓地は墓石、外柵などを全て撤去し、更地に戻して墓地の管理者に返還します。費用は墓地1㎡当り8〜13万円くらいですが、立地や業者により大きく変わります。墓地を返還しても原則として永代使用料は戻りません。

(3) 新しい墓地を選ぶときの注意

・宗教・宗派

　新しい墓地を選ぶときには宗教・宗派に気をつけます。「宗教・宗派不問」とうたっている民営墓地でも、埋葬後はその宗派での供養をしなければならないこともあります。特に寺院墓地の場合は同じ宗派の方が望ましいです。もし宗派を変えるときには戒名（法名）を変えなければならない場合もありますので、住職とよく話し合う必要があります。

・墓石

　古い墓石の使用を認めていない墓地も多いので、現在の墓石を改葬先で使いたい場合には、必ず新しい墓地に確認をします。また、石は重いので運搬料が高額になることも考慮します。

(4) 宗教的儀礼

　仏式の場合には、墓石を撤去する前に閉眼供養を行い、納骨するときに開眼供養を行います。地域・宗派によって供養の呼び名などは異なります。

・閉眼供養

　墓石に宿った仏様の魂を抜き去る供養で、「魂抜き」などともいいます。

・開眼供養

　墓石に仏様の魂を入れる供養で、「魂入れ」などともいいます。この供養で墓石は単なる石から故人を供養する対象としてのお墓になります。

Q7-7

お墓を建てたいのですが、どうすればよいですか。

A まずどのようなお墓を建てたいのかを考えます。希望が決まったら、墓地を決め、次に墓石を決めます。墓地により墓石の形が決まっている所もあります。初期費用として「永代使用料」と墓石およびその設置費用が必要で、契約後は毎年の管理料が必要です。

1．お墓には毎年の管理料が必要

　一般に「お墓を買う」といいますが、墓石は買えても墓地は買えません。実際は「お墓を建てる土地を使用する権利を買う」ことで、この代金を「永代使用料」または「使用料」（使用年数が限られている場合）といいます。

　墓地は初期費用として「永代使用料」または「使用料」を支払い、その後は毎年の「管理料」を支払うことで使用できます。個別のお墓を建てた場合には、そのお墓の守をしてくれる跡継ぎ（祭祀承継者）が必要です。管理料を支払わないと墓地使用の権利を失いますが、原則として使用料が返ってくることはありません。

2．お墓を建てる手順

（1）墓地を決める

　お墓は許可された墓地にしか作ることができません(注)。墓地は大きく分けて①寺院が檀家のために設けている「寺院墓地」、②自治体が運営する「公営墓地」、③宗教法人や公益法人が設置する「民営墓地」の3種類があり、それぞれ特徴があります。

　墓地の立地（郊外、家の近く、交通の利便性等）や墓地の規模や形（一般墓地、芝生墓地、ガーデン墓地等）などもよく考えて、実際に見学に行ってみるのが一番です。ただし民営墓地では石材店が窓口になっていて、最初に案内した業者としか契約できない墓地が多いので、見学に行くときには注意が必要です。

図表7-7-1　墓地の特徴

	①寺院墓地	②公営墓地	③民営墓地
宗教・宗派	限定されている	宗教不問	墓地により宗教不問
資格や制限	檀徒となること	厳しいところが多い	ほとんどない
管理	行き届いている所が多い	経営・運営面で安心	墓地による
石材店の選択	指定される所が多い	自分で選べる所が多い	指定される所が多い
墓石の選択	和型が一般的	形の指定のある所が多い	自由
費用	寺による	安い	一般的に高い

（出所）著者作成

（注）墓地、埋葬等に関する法律4条

（2）墓石を決める

墓石の形にも昔ながらの和型3段墓や芝生式、個性的なデザイン墓などいろいろあります。また、石材も比較的安価な輸入石材、一般的な花崗岩、最高級の庵治石など多種あります。しかし石の見分け方はむずかしいので、信頼のおける石材店に依頼するのがよいでしょう。また、墓石だけでなく外柵や付属品、設置工事等も必要です。墓石を決めるときには、工事等も含めた総額でいくらになるかを聞きます。

墓地の場所、大きさ、墓石によって大きな差がありますが、お墓を建てる費用は東京近郊では200万円～300万円位といわれています。

（3）納骨する

お墓ができあがったら納骨します。納骨の時期に決まりはありませんので、親戚等が集まる一周忌や三回忌などの法事のときがよいでしょう。遺骨を納骨するには「証印のある火葬許可証」と「（永代）使用承諾証」や「受入証明書」が必要です。

仏式では開眼供養と納骨法要を行います。石材店が墓石を動かしてカロートに遺骨を納めます。納骨の仕方は、骨壺のまま納骨、遺骨を布袋に入れて納骨、遺骨を骨壺から取り出して納骨、など地域によってさまざまです。

図表 7-7-2　墓地の値段例

東京都立霊園

		区画	平成26年度募集数（倍率）	使用料（円／1㎡）	管理料（円／年）
一般埋葬	青山霊園	1.55～3.7㎡	50（14.2）	2,714,000円	1,220円～ 3,660円
	多磨霊園	1.75～5.9㎡	380（3.6）	879,000円	
立体	谷中霊園（※1）		110（6.9）	472,000円	―

（※1）遺骨は3体まで埋蔵。使用許可日から20年間地上のカロート（ロッカー）に個別に埋蔵、その後は共同埋蔵。

大阪市の公営墓地

		区画	平成26年度募集数	使用料（※1）	管理料（※2）
一般埋葬	泉南メモリアルパーク	3.025㎡	830	550,000円～ 791,200円	270,000円
合葬式	瓜破霊園	直接合葬 10年（※3） 20年（※4）	300 200 200	50,000円 100,000円 150,000円	―

（※1）大阪市民以外は1.5倍の料金となる
（※2）管理料は20年分前納
（※3）10年間個別保管後合葬
（※4）20年間個別保管後合葬

民営墓地

民営の場合は立地・広さ・種類などによって値段はさまざまです。

	区画	永代使用料	管理料
東京都内（港区）	一般（0.36㎡～）	1,500,000円～	33,400円～（年間）
東京都内（目黒区）	屋内ロッカー式	2,400,000円～	500,000円（一時払い）
埼玉県（新座市）	一般（0.8㎡～）	418,000円～	6,000円～（年間）
大阪市（天王寺区）	一般（0.54㎡～）	1,400,000円～	10,000円～（年間）
富山県（富山市）	一般（3.6㎡～）	450,000円～	4,000円～（年間）

（※）金額は平成26年10月時点

3. さまざまなお墓のスタイル

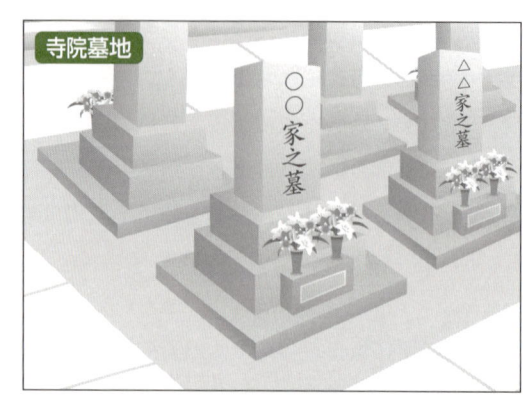

寺院墓地

お寺に付属する場所にあります。檀家となることが前提となり檀家としての費用と役割が生じます。墓石の形は和型3段式が多いですが、住職の考えで形の制限のない墓地が増えてきています。

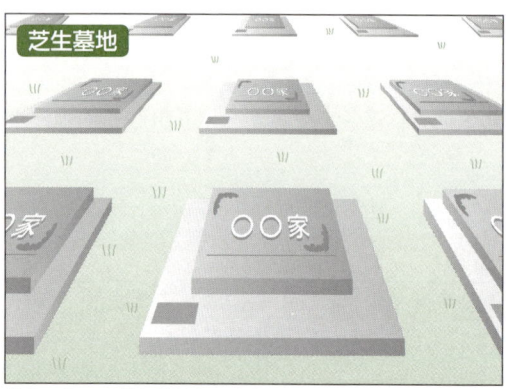

芝生墓地

芝生の上に石碑を設置する形式です。納骨室は地中にあります。

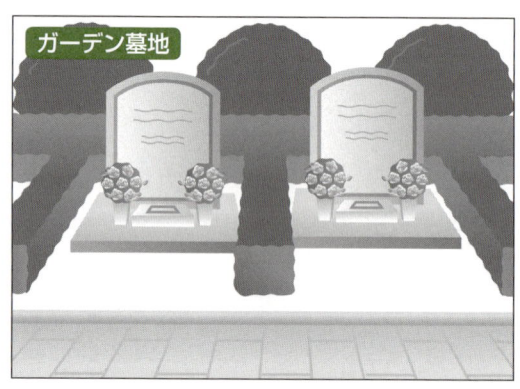

ガーデン墓地

お墓の周りを花で飾った霊園です。墓石の多くはデザイン墓石です。

両家墓

一人子同士が結婚した場合など、両家の先祖を1つのお墓で祀るスタイルです。

デザイン墓

個性的なデザインのお墓です。

図表 7-7-3　東京近郊のお墓の値段例（石碑、外柵は標準型使用）

区画・面積		永代使用料	石碑工事費	外柵工事費	合計	年間管理料
一般	1.0㎡	450,000 円	317,520 円	476,280 円	1,243,800 円	7,590 円
ガーデン	1,875㎡	843,750 円	907,200 円	272,160 円	2,023,110 円	14,194 円

※平成23年10月現在

第8章 相続に備える

高伊 茂

Q8-1

家族が亡くなりました。相続手続きはどのようにしたらよいでしょうか。

> **A** 相続の手続きは、法律面と税金面に大きく分けることができます。法律面は、さらに戸籍関係と財産関係に分けられます。それぞれ同時並行で進めることになります。ご家族が亡くなったばかりで大変ですが、相続の手続きには期限があることに注意が必要です。

1. 相続手続きの大きな流れ

相続手続きの大きな流れは、図表8-1-1のとおりです。

2. 戸籍関係（相続人の確定）

相続手続きにおいて最優先に行うことは、亡くなった人（以下「被相続人」といいます）の相続人（Q8-2）を確定することです（Q8-3）。

3. 財産関係（相続財産の財産目録を作る）

相続が発生したときには、相続財産のリストを作ります。これを財産目録といいます。財産目録は生前に作るもの（Q6-1）よりも詳細に作る必要があります。

相続する財産は、プラスの財産だけではありません。マイナスの財産が見つかる場合もあります。一身専属のものは相続財産にはなりません。なお、相続の手続きが終わるまでは、相続人全員の共有財産となります。

プラスの財産とは、経済的な価値のあるものです。土地や建物などの不動産や借地権等と、現金・預貯金・有価証券（株や債券）などの金融資産の2つが主なものになります。その他、自動車や貴金属・絵画・骨董品など換金性のあるものや、ゴルフ会員権、貸付金もプラスの財産とな

図表8-1-1　相続手続きの流れ

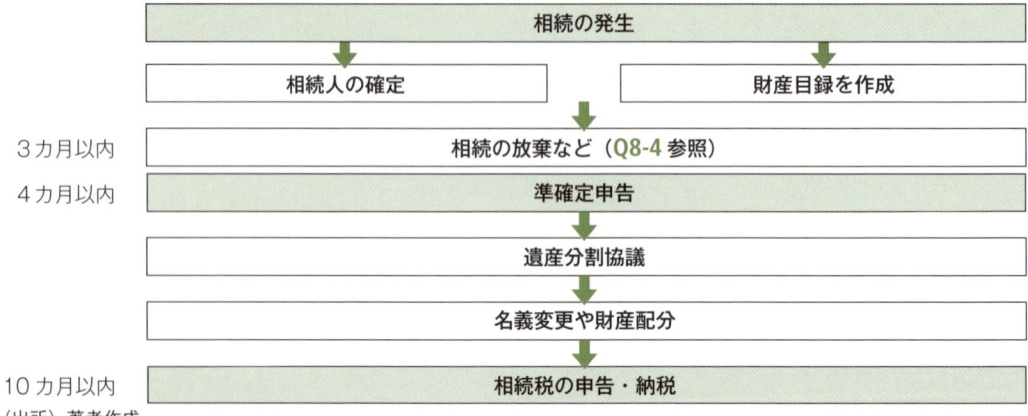

	相続の発生
	↓
相続人の確定	財産目録を作成
3カ月以内	相続の放棄など（Q8-4 参照）
4カ月以内	準確定申告
	遺産分割協議
	名義変更や財産配分
10カ月以内	相続税の申告・納税

（出所）著者作成

ります。

　一方、マイナスの財産とは、借入金、住宅ローン、アパートの預り敷金などのほか、クレジットカードやカードローンなどの未払金があります。また、固定資産税、所得税、住民税などの未払金、病院の費用や保証債務などもマイナスの財産になります。

　市町村議会などの議員や医師、税理士、司法書士などの一身に専属のものは相続の対象にはなりません。社団法人組織のゴルフ会員権も相続できません。

　被相続人の財産の見つけ方として、不動産は市町村役場（東京の場合は、都税事務所）から届いている固定資産税の納税通知書をまず探します。市町村役場（都税事務所）から名寄帳を発行してもらうとよいでしょう。その際に、固定資産税が非課税になっている不動産（一般的には、公衆用道路や墓地などの地目が多い）も掲載されているかどうか確認をします。続いて、法務局から登記簿謄本（全部事項証明書）を取り寄せます。そして、預金通帳の払出し（引落しや振込みを含む）から各種情報がつかめます。通帳や遺言書などを見つけるためには、貸金庫取引があるかどうかもできるだけ早く確認します。

　金融資産は取引している銀行や証券会社に相続財産評価証明書や残高証明書の発行をしてもらいます。また不動産については、税理士や不動産鑑定士に評価してもらうことになります。

4. 税金面

　相続税を支払う必要がある場合には、相続の開始を知ったときから10カ月以内に、相続税の申告および納税をする必要があります。

図表 8-1-2　財産目録の例

	明細	数量等	評価額
土地	○○市○町○番地	300㎡	4,500万円
	○○市○町○番地	100㎡	600万円
建物	○○市○町○番地、家屋番号○番	1階80㎡ 2階60㎡	300万円
預貯金	○○銀行○支店		1,000万円
	○○銀行○支店		1,000万円
有価証券	○○株式会社株式	5,000株	1,000万円
（プラス財産計）			8,400万円
借入金	○○銀行○支店		500万円
未払い金	固定資産税ほか		50万円
カードローン	○○カード		50万円
（マイナス財産計）			600万円
合計			7,800万円

（出所）著者作成

Q8-2

家族が亡くなりました。相続人の範囲と相続分、遺言がある場合の遺留分とはどのようなものでしょうか。

> **A** 相続人の範囲と相続分、そして遺言がある場合の遺留分については、民法で定められています。

1. 相続人の範囲

遺産分割協議をするためには、亡くなった人の相続人を確定する必要があります。多くの場合、お葬式に遺族が集まることになりますが、遺族の全員が財産を引き継ぐ相続人になるわけではありません。民法で、財産を引き継ぐ相続人が決まっています。

被相続人の配偶者はいつでも相続人になります。夫が亡くなった場合には妻、妻が亡くなった場合には夫が相続人になります。なお、婚姻期間は関係ありません。

配偶者以外の血族がいる場合はその人も相続人になりえますが、順番があります。第1順位は子です。胎児も出生すると相続人になります。第2順位は父母、そして兄弟姉妹が第3順位になります。両親とも先に亡くなっていて祖父母が健在なら祖父母、子や兄弟姉妹が先に亡くなっている場合は、代襲相続により、孫や甥姪が相続人になるケースもあります。孫が養子になっている場合は子と同じ第1順位になります。子が先に亡くなっている場合に孫や曾孫が相続を代襲するなど、直系卑属は次々に代襲することができますが、兄弟姉妹の場合は、甥姪までしか代襲相続はできません。先順位の相続人がいる場合は、次順位以降の人は相続人になりません。例えば第1順位の相続人がいる場合は、第2順位以降の人は相続人になりません。なお、お嫁さんやお婿さんは養子になっていない場合は相続人にはなりません。

2. 法定相続分

遺産分割の目安として、相続分というものがあります。同じ順位の相続人が複数いる場合は、相続分をその人数で割ることになります。相続人が誰と誰になるか、あるいは組合せで、法定相続分が変わります。

図表 8-2-1　相続人の順位

配偶者	常に相続人		
血族	第1順位	子（孫など）	実子・養子の区別なく同順位
	第2順位	父母（祖父母）	実親・養親の区別なく同順位
	第3順位	兄弟姉妹（甥・姪）	全血・半血の区別なく同順位[※]

（※）全血兄弟姉妹…父母とも同じくする兄弟姉妹
　　　半血兄弟姉妹…父または母のどちらかを同じくする兄弟姉妹
（出所）著者作成

例えば、相続人が2人の子だけであれば、それぞれ$\frac{1}{2}$になります。また、妻と3人の子の場合は、妻が$\frac{1}{2}$、子全体で$\frac{1}{2}$ですので、それを子の人数で割ると子1人当り$\frac{1}{6}$ずつになります。

3. 遺留分

遺言で財産の配分を指定することができます。相続人がいるのに全財産を相続人以外の人に遺贈や寄付をする、あるいは相続人に対して一定分より少ない財産の配分しかない場合などに、相続人が取り戻せる部分を遺留分といいます。遺留分は、配偶者・子・直系尊属のみにあり、兄弟姉妹にはありません。

相続人の中に配偶者または子がいる場合は、配偶者・子・直系尊属あわせて、遺産の$\frac{1}{2}$が遺留分になります。例えば、相続分が妻$\frac{1}{2}$・子各$\frac{1}{4}$の場合には、遺留分は妻$\frac{1}{4}$・子各$\frac{1}{8}$になります。親など直系尊属だけが相続人になる場合は、遺産の$\frac{1}{3}$が遺留分になります。両親とも健在の場合は各$\frac{1}{6}$が遺留分です。

なお、遺留分を計算する基礎になる財産は、次の計算式で計算した額になります。

①相続開始時の財産＋②生前贈与の財産(注) －③債務

図表 8-2-2　法定相続分

法定相続人	法定相続分
配偶者のみ	全部
子（または孫）のみ	全部
直系尊属（父母または祖父母）のみ	全部
兄弟姉妹（または甥・姪）のみ	全部
配偶者と子（または孫）	配偶者$\frac{1}{2}$、子$\frac{1}{2}$
配偶者と直系尊属	配偶者$\frac{2}{3}$、直系尊属$\frac{1}{3}$
配偶者と兄弟姉妹（または甥・姪）	配偶者$\frac{3}{4}$、兄弟姉妹$\frac{1}{4}$

（出所）著者作成

図表 8-2-3　具体的な法定相続分の割合の例

配偶者と父母：配偶者$\frac{2}{3}$、父・母各$\frac{1}{6}$
配偶者と兄・弟：配偶者$\frac{3}{4}$、兄・弟各$\frac{1}{8}$
配偶者と亡兄の子（甥姪全部で4人）・弟：配偶者$\frac{3}{4}$、亡兄の子（甥姪全部で4人）…各$\frac{1}{32}$、弟$\frac{1}{8}$

図表 8-2-4　遺留分

法定相続人	遺留分
配偶者・子（直系卑属）・直系尊属	遺産の$\frac{1}{2}$が遺留分
直系尊属のみのとき	遺産の$\frac{1}{3}$が遺留分
兄弟姉妹（甥・姪）	遺留分はなし

（出所）著者作成

（注）相続税を計算するときに、相続財産に加算する贈与財産は限られるが、民法上は全て持ち戻す。

Q8-3

家族が亡くなりました。相続人を調べる方法について、教えてください。

A 相続人を調べるには、亡くなった人の出生から死亡時までの戸籍謄本類をそろえることになります。お子さんがいなくて、相続人が兄弟姉妹になる場合は、戸籍謄本類をそろえるのに相当な時間がかかることもあります。

1. 戸籍謄本類を取り寄せる

　相続人を確定することは、相続手続きで最も重要なことです。被相続人の財産をどうするかについて遺産分割協議をするためには、協議に参加する相続人を確定しなければなりません。そして、法務局や金融機関などで相続の手続きをするときに、相続人が誰であるかを証明するための公的書類として、戸籍謄本や住民票などを提出する必要があります。

　戸籍謄本（除籍謄本、改製原戸籍謄本、住民票や附表などを含む場合がある。以下「戸籍謄本」といいます）をそろえるために、最初に、被相続人の住民票の除票（本籍地記載のあるもの）を市区町村の役場から取り寄せます。その住民票の除票により、死亡時現在の本籍地がわかります。

　その後、被相続人の出生までの戸籍謄本をそろえていきます。被相続人に子がいない場合は、祖父母や兄弟姉妹（甥・姪）の戸籍謄本をそろえることもあります。相続人を確定する専門家は司法書士です。司法書士に依頼すると、相続人関係図まで作成してくれます。

2. 除籍謄本

　除籍謄本は、戸籍の中で婚姻や死亡している人がいる場合に、その人がその戸籍台帳上で婚姻あるいは死亡により除籍されていることを確認するものです。本籍地の移動などで、その移動前の戸籍謄本では生まれていない、あるいは記載されていることがあります。

　また、戸籍に記載のある人が全員戸籍から除籍されたものも、除籍謄本といいます。

3. 改製原戸籍謄本

　地域や役場によって原戸籍を「はらこせき」あるいは「げんこせき」と読みます。日本の戸籍制度は大変古く7世紀の中頃からあるといわれていますが、全国統一様式の戸籍制度になったのは明治5年式戸籍が作成されるようになってからです。その後、明治19年、明治31年、大正4年、昭和23年、平成6年に戸籍法が改正され、その都度戸籍の形が変わりました。最近の平成6年の改正はコンピュータ化による改正でした。それぞれ戸籍法の改正により戸籍を作り直しましたので、それまでの古い戸籍を改製原戸籍とよび、その謄本を改製原戸籍謄本といいます。

4. 戸籍の附票

　住所を変えると、本籍地のある役場に住所移転の連絡が行きます。その結果、戸籍の附票に住所の変遷が記載されることになります。したがって、相続手続きで住所も必要な場合には戸籍の

附票の写しを取り寄せることで住民票の住所が判明することになります。もちろん、住所移転の間に本籍地が移動している場合は、それぞれの時期の戸籍謄本で調べることになります。

5. 住民票の除票

他の市区町村に住所を変えたときや死亡したときに、住民票のあった役場で5年間保管しておくものです。

6. 戸籍

戦後の民法の改正で家制度がなくなり、現在の戸籍に記載のある家族は核家族化されました。すなわち1つの戸籍の中に親子だけでなく子の家族や兄弟の家族まで記載されていたものから、夫婦と子だけが記載される戸籍に変わっています。したがって、結婚すると新しい戸籍を作ることになります。

お客様の戸籍を調べていくうちに、祖父の戸籍に孫の出生が記載されているというケースが数多く見られます。例えば、4代前の人の戸籍に2代前の人の出生が記載されている場合が該当します。

なお、戸籍に記載されている人が全員除籍となり150年経つと廃棄してよいことになっています。また、戦災などで戸籍謄本が発行できないケースもあります。

図表 8-3-1　相続人を調べる方法

①住民票のある役場で、本籍地の記載ある住民票の除票を入手する。

⬇

②本籍地のある役場から、除籍謄本を取り寄せる。そのときに「相続人を確定させるために必要な戸籍謄本類の全てをほしい」と伝え、必要な書類や金額を準備する。たいがいの役場では、郵便局で販売している定額小為替を請求書と一緒に同封するよう指示してくる。発行される戸籍謄本は、「改製原戸籍謄本」や「除籍謄本」という名称になることが多い。

⬇

③手に入れた戸籍謄本が出生時からのものであれば、とりあえず本人分はそこで完了する。完了しない場合は、「○年○月○日○○市から転籍」という表示があればその○○市に戸籍謄本を②の要領で請求する。これを、出生時点の戸籍を入手するまで繰り返す。

⬇

④子が結婚して新しい戸籍になっている場合には、親の戸籍から出て新しく作った戸籍から現在までの戸籍をそろえる。

⬇

⑤相続人が第3順位の兄弟姉妹になるときには、祖父母あるいは親の戸籍から出て新しく作った戸籍から現在までの戸籍をそろえる。

Q8-4

家族が亡くなりました。相続を放棄できると聞きましたが、その方法を教えてください。また、限定承認とは、どういうものでしょうか。

> **A** 相続の開始を知ったときから3カ月たつまでの間に家庭裁判所へ相続放棄や限定承認の手続きをしないと、相続を承認したことになります。その結果、マイナスの相続財産のほうが多い場合、その債務を返済する義務が生じます。

1. 相続の単純承認

　家庭裁判所に対して、3カ月以内に相続放棄や限定承認の手続きをしないと、相続を単純承認したことになります。したがって、権利義務の全てを引き継ぐことになりますので、プラスの財産だけでなくマイナスの財産も引き継ぐことになります。この期間を熟慮期間といいます。

　また、家庭裁判所から相続放棄や限定承認を認められたとしても、相続しないはずの財産を処分してしまうと相続放棄あるいは限定承認をしなかったことになり、マイナスの財産の返済義務が生じます。

2. 相続の放棄

　被相続人の財産がマイナスの財産のほうが多いときには、相続の放棄をすることができます。その場合、相続の開始を知ったときから3カ月以内に、家庭裁判所に放棄の申述をしなければなりません。その結果、相続放棄をすると、最初から相続人ではなかったことになるので、子孫が代襲相続人になることはありません。なお、同順位の相続人（**Q8-2**）全員が相続放棄をした場合は、次順位の相続人になる人に連絡をしなければなりません。

　相続の放棄をするためには、財産目録（**Q8-1**）を作成し、家庭裁判所に相続放棄の申述書を提出して受理されなければなりません。この申述は、それぞれの相続人が単独ですることができ

図表 8-4-1　相続財産の状況と相続方法選択のパターン

単純承認	限定承認	相続放棄
プラスの財産 ＞ マイナスの財産	プラスの財産 ＞ マイナスの財産　／　プラスの財産 ＝ マイナスの財産　／　プラスの財産 ＜ マイナスの財産	マイナスの財産 ＞ プラスの財産

ます。なお、被相続人の生前に、相続の放棄をすることはできません。

ときどき、「私は、遺産分割協議で財産を放棄して、何ももらいませんでした」という相続人がいます。相続開始を知ってから3カ月以内に家庭裁判所に何の手続きもせず、遺産分割協議の結果、何も財産を取得しなかったというのは、相続の放棄ではありません。遺産分割協議後にマイナスの財産が出てきた場合、財産をもらっていなくても法定相続分（**Q8-2**）の割合で返済の義務が生じることがありますので、お客様には相続の放棄のことを早めに説明してください。

相続の放棄の期限は、相続開始のときから3カ月ではありません。相続の開始を知ったときからです。つまりマイナスの財産が多いことがわかったときから3カ月以内ですので、相続の開始を知らなかったという説明ができれば3カ月を超えていても相続の放棄が認められるケースがあります。また、財産目録作成に時間がかかるときには、熟慮期間の伸長の申し出をすることができます。

3. 限定承認

相続した財産の範囲内で返済の義務を負う相続のしかたを限定承認といいます。したがって、被相続人の財産が、プラスの財産とマイナスの財産のいずれが多いかわからないとき、あるいは、マイナスの財産が多いのがわかっているがどうしても相続したい財産があるときに、限定承認が利用されます。

申述書の提出先や期間は、相続の放棄の場合と同じですが、大きく異なる点があります。それは、相続の放棄が単独でできるのに対して、限定承認は相続人全員で行わなければならない点です。そのため、限定承認の例はそれほど多くありません。

また、限定承認を受けた人は、承認後5日以内に相続債権者および受遺者（遺言で財産を贈られた人）に対して、一定期間内に債権の届出をするように公示をしなければなりません。あるいは、清算手続きについての報告義務もあります。

4. 遺留分の放棄

生前に相続の放棄をすることはできませんが、遺留分（**Q8-2**）の放棄をすることはできます。この場合も家庭裁判所に申述する必要がありますが、放棄をする理由がないと、遺留分の放棄は認められません。

相続とセットにした遺留分の放棄を実行に移す場合には、例えば**図表**8-4-2のような方法が考えられます。

図表 8-4-2　**遺留分の放棄の例**

①親が二男に、相当な財産を贈与する。
②二男は、家庭裁判所に対して、遺留分放棄の申述をする。
③家庭裁判所は、遺留分放棄の理由ありとして放棄の承認をする。
④親は公正証書遺言を作成して、長男に財産を相続させる。

Q8-5

家族が亡くなりました。相続税の申告や計算方法などを教えてください。

> **A** 相続税の申告は、相続の開始から10カ月以内に申告・納税する必要がありますが、相続税の基礎控除額や各種特例があるので、相続税の申告をする人全員が納税するわけではありません。

1．相続税の申告期限・納税期限と申告・納税先

　相続税の申告および納税期限は、正確には、「相続開始を知った日の翌日から10カ月以内」となっていますが、お客様には、「相続開始から10カ月以内にするように」伝えるとよいでしょう。
　相続開始を知った日の主なものは、図表8-5-1のとおりです。
　相続税の申告先および納税先は、被相続人の住民票のある住所地の税務署長です。相続人の住所地の税務署長ではありません。相続人が複数いる場合、全員一緒に申告することが一般的です。
　なお、相続税の特例の適用を受けるときには、納付税額がゼロとなったとしても申告をする必要があります。お客様には、相続税の申告をしないと、特例のメリットを受けることができないと伝えてください。

2．相続税の納税方法

　原則として、納税期限までに現金で一括払いをします。現金一括払いが困難な場合は、納税が困難な金額を限度に延納という元金均等払いの方法があります。そして延納も困難な場合には物納という方法もありますが、物納が認められる要件は大変に厳しくなっています。延納する場合は納税金額や延納期間によって、担保を提供する必要があります。

3．被相続人の所得税の準確定申告

　被相続人の所得税の申告をする必要がある場合は、その年の元日から死亡日までの所得について所得税の申告をします。これを、準確定申告といいます。申告期限は、相続の開始を知った日の翌日から4カ月以内です。なお、11月15日から12月末日までに相続が開始した場合の所得税の準確定申告期限は、翌年の3月15日となります。

図表8-5-1　相続の開始を知った日

①被相続人の死亡の日、死亡を知った日
②被相続人について、失踪宣告のあったことを知った日
③認知の判決の確定を知った日
④遺贈のあったことを知った日
⑤財産分与のあることを知った日

4. 相続税の計算の基礎

（1）相続税を計算するときには、本来の相続財産にプラスするものと、本来の相続財産からマイナスするものがあります。

①プラスするもの…死亡保険金・死亡退職金などのみなし相続財産、相続時精算課税制度で贈与した財産、相続開始前3年以内に相続人に贈与した財産

②マイナスするものやプラスしないもの…未払いの債務や葬式費用等が差引きできます。墓地などの非課税財産はプラスする必要がありません。

（2）みなし相続財産の非課税部分

死亡保険金・死亡退職金などには非課税となる部分があります。

（3）遺産に係る基礎控除額

平成27年1月からは遺産に係る基礎控除額の計算式が「基礎控除額＝3,000万円 ＋ （法定相続人の数×600万円）」となりました。相続人が妻と子2人の3人の場合には、相続財産の額が4,800万円以内であれば相続税がかからないことになります。

（4）相続税を計算する場合の特例

配偶者の相続税額の軽減の特例や小規模宅地等についての相続税の課税価格の計算の特例（小規模宅地等の評価減の特例）があります。

図表 8-5-2　相続税計算上の相続財産（色付部分）

差し引くものやプラスしないもの			本来の相続財産	みなし相続財産	相続時精算課税制度に係る贈与財産	相続開始前3年以内の贈与財産
葬式費用	非課税財産	未払いの債務				

（出所）著者作成

図表 8-5-3　相続税計算の流れ

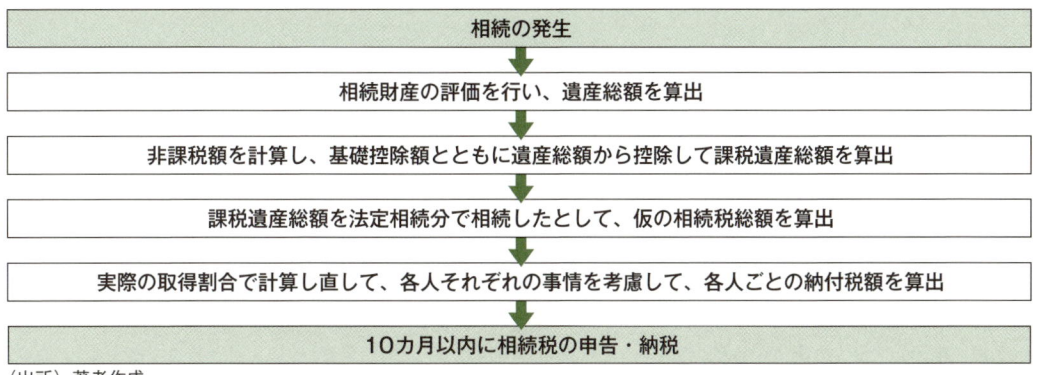

相続の発生
相続財産の評価を行い、遺産総額を算出
非課税額を計算し、基礎控除額とともに遺産総額から控除して課税遺産総額を算出
課税遺産総額を法定相続分で相続したとして、仮の相続税総額を算出
実際の取得割合で計算し直して、各人それぞれの事情を考慮して、各人ごとの納付税額を算出
10カ月以内に相続税の申告・納税

（出所）著者作成

Q8-6

家族が亡くなりました。遺産配分の考え方と遺産分割協議について教えてください。

> **A** 法定相続分は、あくまでも財産を分けるときの目安でしかありません。お客様には、「相続人相互の事情を考えて、譲り合いの精神で円満な遺産分割を行い、相続争いとならないで皆が仲良く墓参りをできるように」と伝えましょう。

1. 遺産分割協議

亡くなった人を被相続人といい、被相続人の財産を受け継ぐ人を相続人といいます。相続人が複数いる場合は、全員を共同相続人といいます。ある人が亡くなった時点で、その人の財産は、遺産分割協議がまとまるまで共同相続人全員の共有財産になります。

被相続人の財産を分ける話し合いを遺産分割協議といいます。遺産分割協議には相続人になる人が集まり、話し合います。被相続人に遺言がなかったとき、あるいは遺言があったとしても、遺言で指定した分け方ではない遺産分割が共同相続人の間で合意された場合には、遺産分割協議を行うことができます。

相続人のうち未成年者や判断能力のない人がいる場合は、法定代理人あるいは特別代理人または後見人が代わりに協議に参加することになります。例えば、被相続人の妻と未成年の子が相続人になる場合、妻が子の法定代理人になると、同一人物が相続人の立場と子の代理人という立場となり利益相反になるので、特別代理人を家庭裁判所で選任してもらうことになります。

2. 遺産分割の基準（民法906条）

民法906条に、「遺産の分割は、遺産に属する物又は権利の種類及び性質、各相続人の年齢、職業、心身の状態及び生活の状況その他一切の事情を考慮してこれをする」と、遺産分割の基準が示されています。法定相続分（民法900条、Q8-2）は、あくまでも財産を分けるときの目安です。相続人1人ひとりの事情を考えて、譲り合いの精神で、財産を分けることが大切です。

図表8-6-1　法定代理人・特別代理人・後見人

①法定代理人	：	子が未成年の場合に、親が子の法定代理人になる
②特別代理人	：	親が法定代理人になった場合に、代理人の立場と本人の立場で利益相反が生じた際に、家庭裁判所に特別代理人の選任を依頼し、選任された特別代理人が子の代理人になる
③後 見 人	：	本人の意思能力がない場合に、成年後見制度で本人の代わりに後見人が意思決定をする

3. 遺産分割協議書

協議の結果を文書にしたものが遺産分割協議書です。特に定まった形式はありませんが、相続する財産とその財産を相続する人がわかるように書くことが重要です。共同相続人は印鑑証明書を用意して、協議書に実印を押しますが、相続財産を受けとらない人も、印鑑証明書を用意し、実印を押します。

図表8-6-2 遺産分割協議書の例

遺産分割協議書

　平成○年○月○日青木太郎（昭和○年○月○日生、本籍東京都新宿区淀橋○番地、住所東京都新宿区西新宿五丁目○番○号）の死亡により、共同相続人青木洋子及び青木一郎は、その相続財産について分割協議を行った結果、各相続人は次のとおり遺産を分割し取得することに決定した。

１．青木洋子が取得する財産
（１）土地
　　　所　　在　東京都新宿区西新宿五丁目
　　　地　　番　○番
　　　地　　目　宅地
　　　地　　積　○○・○○平方メートル
（２）建物
　　　所　　在　東京都新宿区西新宿五丁目○番地
　　　家屋番号　○番
　　　種　　類　居宅
　　　構　　造　木造瓦葺平家建
　　　床面積　○○・○○平方メートル
（３）上記建物内に存する家財家具の一切
（４）第２項で青木一郎が取得する財産以外の全ての財産

２．青木一郎は、現金及び次の金融資産を換価したものを取得する
（１）○○銀行○○○支店　定期預金　ＮＯ．１２３４５６
（２）○○信用金庫○○支店　定期預金　ＮＯ．７８９０１２－１３

　上記協議の真正を証するため、この協議書を弐通作成し、署名押印し各自壱通所有する。

平成○年○月○日
相続人　住所
　　　　氏名　　　　　　　　　　　　　　　　　　　　　（実印）
相続人　住所
　　　　氏名　　　　　　　　　　　　　　　　　　　　　（実印）

（出所）著者作成

Q8-7

遺言を作りたいと思っています。遺言の作成方法や変更のしかたについて教えてください。

> **A** 遺言を作成することは、最大の相続対策です。遺言は15歳以上で判断能力があれば作成することができます。遺言には、自筆証書と公正証書の2つがありますが、後で問題が起きないように、公正証書をお勧めします。

1. 遺言の種類

わが国には普通方式と特別方式の遺言書があります。このうち通常利用されているのが、普通方式のうち、自筆証書遺言と公正証書遺言です。

相続争いを防ぐために遺言を用意するのですから、短所が少ないことが重要です。遺言で書き遺した目的を達成するためにも、自分の想いを確実に伝えるためにも、短所の少ない公正証書遺言をお勧めします。

自筆証書遺言は費用があまりかからないという長所がありますが、最大の短所は、自分1人で書くので、独りよがりの内容不明な文章が相続争いの源になることです。つまり、遺言があったために相続争いとなってしまうのです。相続発生後、家庭裁判所で封を開け検認を受けなければなりません。また形式不備により無効となる場合もあります。内容に不服な相続人が筆跡で文句を付ける場合もあります。

遺族間で相続争いとなると、遺族が長い間いやな思いをし、かつ裁判費用や弁護士費用がかかり、遺族の心がばらばらになってしまいます。公正証書遺言は多少費用がかかるという短所があ

図表 8-7-1　自筆証書遺言と公正証書遺言

	自筆証書遺言	公正証書遺言
作成方法	遺言者が全文、日付、氏名を書き、押印する。	遺言者が公証人に口述し、公証人が作成する。手話通訳や筆談でも作成できる。
証人	不要	2人以上
署名、押印	遺言者のみ	遺言者、公証人、証人
検認	家庭裁判所で行う	不要
長所	作成が簡単で、遺言内容を秘密にできる。	紛失や偽造変造などの心配がない。形式不備となることがない。内容不明も起きない。すぐに相続の手続きができる。
短所	紛失や偽造変造などの危険がある。形式不備による無効、内容不明による相続争いの源となることもある。筆跡でもめることがある。家庭裁判所の検認が必要である。	作成費用がかかる。証人が必要なため、秘密にできない。

（出所）著者作成

りますが、形式不備が起きず、内容不明という心配もなく、検認の必要もないのですぐに相続手続きができるというたくさんの長所があります。紛失・偽造変造にも対処できます。最近は、手話通訳や筆談でも公正証書遺言を作ることができるようになりました。

2. 遺言の作成

自筆証書遺言は、全文を自分で書き、作成した日付を記入し署名して押印します。つまり、筆記道具と用紙、そして印鑑があれば作成できます。

一方、公正証書遺言は公証人の前で、2人以上の証人に立ち会ってもらい遺言の内容を伝えて、公証人が作成します。作成した遺言書に遺言者本人・公証人・証人が署名押印します。原則として印鑑証明書を用意し、公証人に本人確認をしてもらうことになります。なお、大半の公証人は裁判官や検事の経験者で、法務大臣から公証人として任命される準公務員の立場です。

遺言作成のポイントを図表8-7-2に示しますが、最大のポイントは元気なうちに用意することです。具合が悪くなってからでは、考える力が衰え正しい判断ができなかったり、筆記用具を持てなくなり普段のような文字が書けなくなったりするなど、自筆証書遺言の作成もままならぬことになります。そのようになってから作成された遺言は、逆に相続争いを引き起こす原因になってしまうこともあります。

3. 遺言の変更（書換え）

遺言書は撤回や書換え、一部の変更をすることができます。そのため、日付がとても重要になります。例えばA商会の株式5,000株を長男に相続させる遺言を書いた後で、それを二男に相続させる遺言に書き換えた場合は、日付の新しいほうの遺言に示されている二男にA商会の株式5,000株が相続されることになります。公正証書遺言を変更する場合には、同じ公証役場で変更するのが望ましいですが、絶対ではありません。なお、一部の変更でも全部を取り消して新しい遺言を作成することをお勧めします。

遺言信託（Q8-10）を利用すると、遺言の作成だけでなく遺言の変更の相談にも応じてくれて、便利です。

図表8-7-2　**遺言作成10のポイント**

1. 元気なうちに用意する
2. 相続人になる人の事情に応じて、配分を考える
3. 配分の考え方を、しっかり書いておく
4. 不動産は、共有にしない
5. 遺留分に気をつけて配分する
6. 配偶者の今後の生活や次の相続を考える
7. 遺言執行者とお墓の守り（祭祀承継者）を決めておく
8. 夫婦や知人どうしの連名の遺言は無効となる
9. 感謝の言葉を書く
10. 家族の悪口は書かない

Q8-8

遺言で寄附ができると聞きました。寄附や遺贈のしかたについて教えてください。

A 遺言では、財産の配分だけでなく、寄附や子の認知などもできます。社会に還元するという寄附行為は、最近注目されています。

1. 遺言でできること

遺言でできることには、寄附行為、子の認知、相続人の廃除、廃除の取消し、相続分の指定、包括遺贈、特定遺贈、遺言執行者の指定等があります。

①寄附行為……………財団法人を作るための財産の寄附および財団の寄附行為の作成ができる
②子の認知……………生前に子の認知ができないとき、遺言執行者に認知を依頼することができる
③相続人の廃除………子の素行不良、親を虐待するなど、財産を渡したくない子がいる場合に、遺言執行者に廃除を依頼することができる
④相続分の指定………法定相続分とは異なる財産配分をすることができる
⑤遺言執行者の指定…遺言の内容を実現してくれる人を指定することができる。遺言執行者の報酬を遺言に記載しておくとよい

2. 遺言による寄附や遺贈

遺言で寄附や遺贈ができることは、民法964条に定められています。遺言での寄附や遺贈には包括遺贈と特定遺贈があります。遺贈とは、遺言で原則として相続人以外の人（法人を含む、以下同じ）に財産を贈与することです。

そのうち包括遺贈とは、例えば遺産全体の２割など財産の一定割合を相続人以外の人に遺贈することで、その受遺者（遺贈により財産を受け取る人）は共同相続人と同じ立場となりますので、後日被相続人のマイナスの財産が出てきたときには、財産を受け取った割合で負債を負担することになります。

一方特定遺贈とは、現金や不動産など財産の一部を特定して遺贈するものです。例えば、現金1,000万円を〇〇財団に寄附する等です。

3. 遺言書の文例

・遺言者が〇〇銀行〇〇支店に対して有する預金債権全部を解約し、〇〇県〇〇市〇町〇番地居住の〇〇（昭和〇年〇月〇日生まれ）に遺贈する。
・交通遺児育英のため、公益財団法人交通遺児育英会に〇〇銀行〇〇支店の遺言者名義の預金の半分を遺贈する。
・進学困難な郷土の子弟のための奨学金となるように、〇〇県〇〇市に対し、次の財産を遺贈する。
　〇〇銀行〇〇支店の遺言者名義の普通預金番号〇〇〇〇〇〇〇の全て

図表 8-8-1　遺言書のイメージ

遺言書

　遺言者○○○○は、妻○○○○、長男○○○○および長女○○○○とともに暮らしてきて、苦しいときもありましたが、満足する人生を送ることができました。残される家族とお世話になった故郷○○市のために、次のように遺言します。

　子どもたちへ　自宅をお母さんに相続させますが、この世に二人きりの兄妹です。いつまでも兄妹仲良く暮らしてください。そしてお母さんの老後の面倒もお願いします。

1．妻○○○○に、下記財産を相続させる。
（1）土地
　　　　所　　在　○○県○○市○○町
　　　　地　　番　○番
　　　　地　　目　宅地
　　　　地　　積　○○・○○平方メートル
（2）建物
　　　　所　　在　○○県○○市○○町○番地
　　　　家屋番号　○番
　　　　種　　類　居宅
　　　　構　　造　木造瓦葺二階建て
　　　　床 面 積　一階○○・○○平方メートル
　　　　　　　　　二階○○・○○平方メートル
（3）上記建物内に存する家財家具の一切
（4）この遺言で指定している財産以外の全ての財産

2．遺言者の下記金融資産を解約して、第3項で指定した遺言執行者への報酬および諸経費支払い後の合計額の1,000円未満を控除した残りの額について、長男○○○○および長女○○○○に各4割の部分を相続させ、○○市に対し2割の部分を遺贈する。なお、上記1,000円未満の端数は、妻○○○○に相続させる。
（1）○○銀行○○○支店　定期預金　NO．1234567
（2）○○銀行○○○支店　普通預金　NO．2345678
（3）○○信用金庫○○支店　定期預金　NO．3456789－10

3．遺言執行者として、次の者を指定し、報酬として100万円を支払うものとする。
　　　　○○県○○市○○町○番地　　　○○○○

平成○年○月○日
遺言者　住所
　　　　氏名　　　　　　　　　　　　　　　　　　　　　　　　（実印）

（出所）著者作成

Q8-9

生前贈与について考えています。暦年課税や贈与税の配偶者控除の特例について教えてください。

> **A** 相続対策として、重要度順に①相続争いを防ぐ、②現金対策、③税金対策の3つがあります。ところがお客様が最も敏感なのは、第3順位の税金対策です。税金対策は、相続税法が変わるリスクがあるものの、生前贈与を上手に説明できるとお客様に喜ばれます。

1. 暦年課税

　1月1日から12月31日までの1年間に贈与を受けた財産額から、贈与税の基礎控除額を控除した残額に税率を掛けたものが贈与税の納税額になります。いいかえれば、贈与税の基礎控除額以内の贈与であれば、税金はかからないことになります。そして、暦年課税の場合、原則として、1年ごとに税金が完結することがポイントです。

　なお、相続が開始した日より前3年以内の期間に贈与したものは相続財産に持ち戻して相続税を計算しますが、3年を過ぎている贈与財産は、相続税の計算に入れる必要はありません。つまり、相続開始時より3年超前の贈与財産は相続税額に影響を与えませんので、長い期間をかけて少しずつ贈与をしていくのが、究極の相続税対策といわれています。

　ただし、毎年同じ額を同じ人に贈与していくことを連年贈与といい、これは計画的に相続税逃れをしていると認定されることがありますので、そうならないように気をつけます。

　平成27年1月以降の贈与については、直系尊属から受けた場合とそれ以外の場合では、贈与税の税率構造が異なります。例えば、祖父や父から子や孫への贈与はそれ以外の場合よりも優遇されることになります。残念ながら夫婦間の贈与は直系尊属からの贈与には該当しませんが、次の「贈与税の配偶者控除」があります。

図表8-9-1　贈与税の速算表

基礎控除額および配偶者控除後の課税価格（A）		特例贈与財産[※1]		一般贈与財産[※2]	
		税率（B）	控除額（C）	税率（B）	控除額（C）
	200万円以下	10%	—	10%	—
200万円超	300万円以下	15%	10万円	15%	10万円
300万円超	400万円以下			20%	25万円
400万円超	600万円以下	20%	30万円	30%	65万円
600万円超	1,000万円以下	30%	90万円	40%	125万円
1,000万円超	1,500万円以下	40%	190万円	45%	175万円
1,500万円超	3,000万円以下	45%	265万円	50%	250万円
3,000万円超	4,500万円以下	50%	415万円	55%	400万円
4,500万円超		55%	640万円		

※1　特例贈与財産…贈与の年の1月1日現在において20歳以上の人が直系尊属から贈与を受けた財産
※2　一般贈与財産…特例贈与財産以外の贈与財産
（出所）著者作成

2. 贈与税の配偶者控除

　居住用不動産またはその取得のための金銭を配偶者間で（夫から妻、または妻から夫へ）贈与する場合には、2,000万円まで贈与税がかからない制度があります。適用にはいくつかの要件がありますが、贈与税の基礎控除額も同時に使えますので、実質2,110万円まで贈与税が非課税になります。なお、この制度で贈与を受けた年に贈与をした配偶者が死亡したとしても、あるいは、相続開始前3年以内でこの贈与を受けたとしても、贈与税の配偶者控除の適用があります。すなわち、この制度で贈与を受けた額は相続税の計算に入れないで済みます。

図表 8-9-2　贈与税の配偶者控除の適用要件

①婚姻期間が20年以上の夫婦間の贈与であること
②居住用不動産の贈与、または居住用不動産を取得するための金銭の贈与であること
③贈与を受けた年の翌年3月15日までにその不動産に居住し、引き続き居住する見込みであること
④贈与財産額にかかわらず、必ず贈与税の申告を行うこと
⑤同一の配偶者からは、この制度は一度しか適用を受けることができない

3. 相続時精算課税制度

　その年の1月1日時点で60歳以上の父母または祖父母から20歳以上の推定相続人である子または孫への贈与について、財産合計2,500万円までいったんは贈与税なしで贈与できる制度です。ただしその贈与をした父母または祖父母に相続が起きたときは、この制度で贈与を受けた財産を相続財産に加えて相続税を計算することになります。その際に納め過ぎた贈与税が戻る場合もあります。なお、この制度の適用を受けるには、財産額にかかわらず贈与税の申告をし、贈与財産累計額が2,500万円を超えたときには、超えた部分の財産額の20％を納税しなければなりません。

4. 直系尊属からの贈与税の特例

　教育資金の一括贈与制度を利用すると、祖父母・父母など直系尊属から孫や子への教育資金の贈与が、1,500万円まで非課税となります。平成27年12月までの期限付きですが、平成31年3月まで延長する予定です。孫や子など贈与される人（受贈者）は30歳未満が条件です。
　信託銀行など取扱いをしている金融機関に受贈者名義の教育資金口座を開設し、教育資金を一括入金します。教育資金が必要になるつど、金融機関に領収書等を提出して必要資金を引き出します。20歳までは親が口座を管理します。対象となる教育費は、保育園や幼稚園から大学、大学院までの学校等に直接支払う費用と、塾や習い事などにかかる費用で、塾や習い事などにかかる費用は500万円が限度となります。
　受贈者が30歳に達したとき、死亡したときや口座の残高がなくなったときに終了となりますが、30歳に達したときに残高がある場合は、その時の贈与税のしくみで課税されます。
　住宅取得等資金の贈与を受けた場合には、平成31年6月までの期限付きで贈与税の非課税措置があります。贈与の時期と家屋が省エネルギー性・耐震性を備えているかによって非課税の限度額が異なります。

Q8-10

自分は相続人がいない、いわゆるおひとりさまです。おひとりさまの相続に便利な遺言信託があると聞きました。遺言信託について教えてください。

A おひとりさまに限定されませんが、遺言作成のお手伝いから、遺言書の保管、相続発生後の財産に関する遺言の執行までをしてくれるのが遺言信託です。信託銀行や信託代理店になっている金融機関、信託会社等（以下「信託銀行等」といいます）に依頼することができます。なお、遺言信託では、身分に関するものや法的紛争となっている遺言の執行は行いません。

1. 遺言信託

(1) 事前相談

遺言を書くのはなかなか大変です。そこで信託銀行等では、じっくりと遺言書作成のコンサルテーションをしてくれ、相続についてのいろいろなアドバイスをしてくれます。

(2) 公正証書遺言の作成

遺言信託では、原則として公正証書遺言（Q8-7）を作成することになります。コンサルテーションでは、遺言作成希望者が考えていること、思っていることを遺言書の形にまとめてくれて、公証人との事前相談をしてくれます。公証人による遺言書の内容のチェックや確認が終わると、公証役場（場所によって、公証人役場・公証人センターなどの名前がある）で公正証書の遺言を作成することになります。なお、遺言作成希望者の体調が悪く自宅や病院での作成を希望する場合は、同じ都道府県内の公証人であれば、出張して作成してくれます。なお、公正証書遺言を作成する場合には、証人２人以上の立会いが必要となりますが、証人になってくれる人の心当たりがない場合は、信託銀行等の社員が立ち会います。

(3) 遺言書の保管

公正証書遺言は、原本・正本・謄本の３部ができます。原本は公証役場に保管され、正本と謄本が遺言者に渡されますが、遺言の執行に必要な大事なものですので、信託銀行等でその遺言書を保管します。信託銀行等では、その後の財産や相続人の異動等を毎年確認していきますので、遺言の変更の相談も受けてくれます。なお、推定相続人などからの要請があっても、遺言者の生前に遺言書の内容を教えることはありません。

(4) 遺言の執行

遺言者が亡くなると、あらかじめ遺言者が指定していた死亡通知人が信託銀行等に相続の開始を知らせることになります。信託銀行等が遺言の執行を開始するには、死亡通知人からの連絡が必要であり、連絡がないといつまでも遺言の執行ができませんので、信頼のおける人に依頼してください。信託銀行等では、相続人および遺言で財産を受け取る人たち（以下、「相続人等」といいます）に集まっていただき、遺言書の開示すなわち遺言内容の提示と今後の説明を行います。その後、信託銀行等は遺言の執行者になるか否かを判断してから、執行者に就職します。その後、

被相続人の通帳などを預かり、財産の現況を確認したり残高証明書などを取り寄せたりし、財産目録を作成し、遺言書の内容どおりに遺産配分を行います。したがって、預貯金等金融資産の名義変更や現金化、不動産の名義変更などをしてくれるわけです。遺言の執行が終わると、遺言執行のてん末書を作成して相続人等に交付し、一連の業務が終了します。

2. 遺言信託の費用

(1) 信託銀行等の報酬
遺言書の保管時、保管中、遺言の変更、そして遺言執行に関する手数料がかかります。信託銀行等ごとに費用や取扱いが違います。

(2) 公正証書遺言の作成手数料
手数料は法律で定められており、手数料の体系や公証役場の所在地を日本公証人連合会のホームページ（http://www.koshonin.gr.jp/index2.html）から調べることができます。

(3) その他
司法書士や税理士などに依頼する事項については、別途費用がかかります。

3. 遺産整理業務

遺言がなくて相続が発生した場合に便利なのが、遺産整理業務です。遺言信託と同じように信託銀行等に依頼することができます。その場合は、相続人全員と遺産整理委任契約を結びます。その上で、上記遺言の執行に準じて相続人に代わって遺産の確認を行ってから、財産目録をつくり、財産の名義変更や現金の配分などを行い、遺産整理終了報告で一連の業務が終了します。なお、遺産分割協議についてアドバイスが必要な場合には、相談に応じてくれます。

図表 8-10-1　遺言信託業務のしくみ

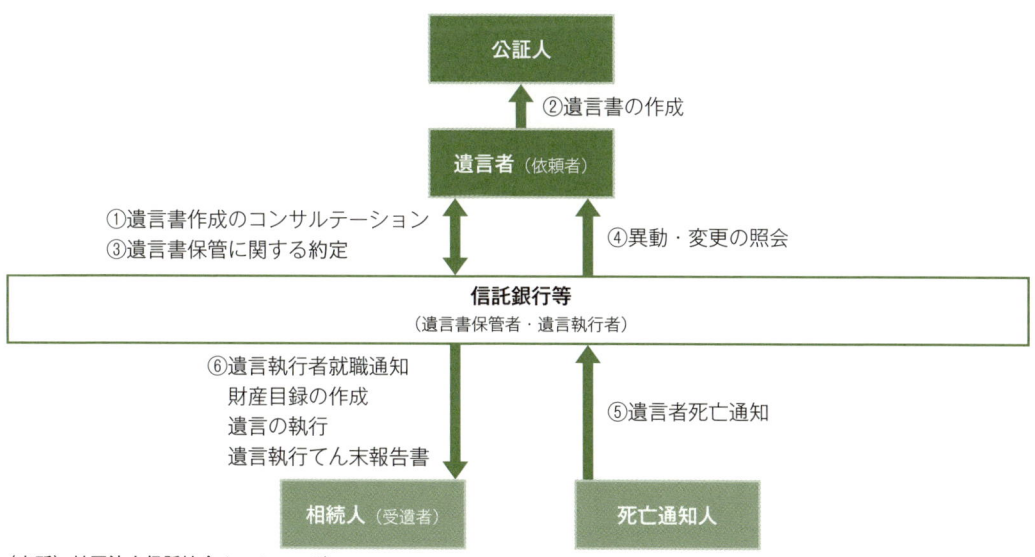

```
                        ┌─────────┐
                        │  公証人  │
                        └─────────┘
                             ↑
                         ②遺言書の作成
                             │
                        ┌─────────┐
                        │遺言者（依頼者）│
                        └─────────┘
      ①遺言書作成のコンサルテーション ↑↓    ↑↓ ④異動・変更の照会
      ③遺言書保管に関する約定
                        ┌─────────────────┐
                        │    信託銀行等    │
                        │(遺言書保管者・遺言執行者)│
                        └─────────────────┘
         ⑥遺言執行者就職通知 ↓           ↑ ⑤遺言者死亡通知
            財産目録の作成
            遺言の執行
            遺言執行てん末報告書
                ┌─────────┐    ┌─────────┐
                │相続人(受遺者)│    │ 死亡通知人 │
                └─────────┘    └─────────┘
```

（出所）社団法人信託協会ホームページ

著者プロフィール

■ 石原　敬子（いしはら　けいこ）　　担当 第3章

1級ファイナンシャル・プランニング技能士／CFP®
ライフプラン→マネープラン研究所代表

証券会社で約13年の営業経験の後、ファイナンシャル・プランナーの個人事務所を設立。コーチングを取り入れ、投資家自身が判断力を養い自ら行動していただくことを促すコンサルティングが特徴。
執筆やセミナーのモットーは「初心者にも分かり易く」。著書に「金融用語がよ〜くわかる本」（秀和システム）、「株価とニュースの関係が面白いほどわかる本」（中経出版）など。

　web　ライフプラン→マネープラン研究所　http://www12.plala.or.jp/FPkeiko/

■ 河原　正子（かわはら　まさこ）　　担当 第7章

1級ファイナンシャル・プランニング技能士／CFP®／葬祭カウンセラー
FP虎の子相談室長／NPO法人 ら・し・さ 理事

人生の後半期に訪れるさまざまな心配ごとに対しての情報提供を行っている「NPO法人ら・し・さ」において、特に葬式・お墓を専門としている。
必ず迎える「その日」のために、本人も見送る人も納得のいく葬式をするための情報を提供している。

　連絡先　sk-mk.101@gamma.ocn.ne.jp

■ 高伊　茂（たかい　しげる）　　担当 第8章

1級ファイナンシャル・プランニング技能士／CFP®／社会保険労務士／1級DCプランナー
高伊FP事務所代表／帝京大学 非常勤講師／NPO法人 ら・し・さ 理事

信託銀行での経験を生かした相続対策相談のほか、国内各地で、ライフプラン・セミナー、年金、相続、「活」をメインとした終活講座などの講師、執筆、監修を手がけ"終身現役"を目指している。
著書に「FP知識シリーズ　相続・贈与編」（セールス手帖社保険FPS研究所）ほか。

　web　http://mbp-tokyo.com/s-takai

■ 柳澤　美由紀（やなぎさわ　みゆき） 〔担当 第2章・第4章〕

1級ファイナンシャル・プランニング技能士／CFP®
株式会社家計アイデア工房代表

東京・銀座にオフィスを構えるファイナンシャル・プランナー。自分らしさとライフプランを軸にした家計アドバイス、保険診断、住宅ローン相談、老いじたくアドバイス等の相談業務を精力的に行っている。著書に「運用以前のお金の常識」（講談社）、「書き込み式　老後のお金の『どうしよう？』が解決できる本」（講談社）など多数。

web　（株）家計アイデア工房　http://www.kakeiidea.com

■ 山田　静江（やまだ　しずえ） 〔担当 第1章・第5章〕

1級ファイナンシャル・プランニング技能士／CFP®
㈱WINKS代表／NPO法人 ら・し・さ 副理事長

早稲田大学商学部卒業後、都市銀行、会計事務所、独立系FP事務所を経て2001年に独立し、現在に至る。幅広い世代のライフプランニングを得意とし、セミナーや執筆・監修、各種相談業務を行っている。人生後半期のライフプランをサポートする「NPO法人 ら・し・さ」のメンバーとしても活動中。近著に「定年前に知らないと困るお金のきほん」「相続のきほん」（執筆・監修／オレンジページ）、「葬儀・相続・手続き事典」（共著／日本文芸社）。

web　（株）WINKS　http://winks.biz

■ 若色　信悟（わかいろ　しんご） 〔担当 第6章〕

1級ファイナンシャル・プランニング技能士／CFP®
若色しんごFP事務所代表／産業能率大学兼任教員／NPO法人 ら・し・さ 理事長（http://ra-shi-sa.jp）

栃木県生まれ。成蹊大学法学部卒。大手ビジネス系専門学校専任教員20年（会計、相続税法、FP）を経て日本FP協会入職。教育事業部長等を経て2008年から研究生活に入る。「国民の自立と生活設計力の向上」をテーマにライフプランと相続や成年後見制度による財産管理を専門。2001年明海大学大学院不動産学研究科博士前期課程にて不動産学修士（財産管理論）。

連絡先　uhi99048@nifty.com

人生の引継ぎを考える方にアドバイスしたい70のこと（第2版）
～高齢期ライフプランにおける金融サービスと
「エンディング・ノート」の活用ポイントQ&A

平成23年12月19日初版発行
平成27年4月10日第2版発行

編者　きんざいファイナンシャル・プランナーズ・センター
編集代表・著　山田　静江
発行者　加藤　一浩
発行所　株式会社きんざい
〒160-8520　東京都新宿区南元町19
電話　03-3358-2891（販売）
URL　http://www.kinzai.jp/

本書の内容に関するお問合せは書籍名および連絡先を明記のうえ、ファクシミリでお願いいたします（お電話でのお問合せにはお答えしかねます）。
- お問合せファクシミリ番号　03-3358-1971
- 本書の正誤等に関する情報は下記ウェブサイトに掲載します。
  http://www.kinzai.jp/fp/index.html

デザイン　タクトシステム㈱　　印刷　㈱日本制作センター
ISBN978-4-322-12679-2　Ⓒ KINZAI　2015

・本書の全部または一部の複写、複製、転訳載および磁気または光記録媒体、コンピュータネットワーク上等への入力等は、特別の場合を除き、著作者、出版社の権利侵害となります。
・落丁、乱丁はお取換えします。定価はカバーに表示してあります。